Daniel Mandl & Michael Schwarz

für Mac OS X Leopard

Von Windows zum Mac – die Umsteigefibel

sicher und erfolgreich zu Apple wechseln
inklusive Boot Camp, Paral...

Wir wünschen eine anregende Lektüre!

Edition Digital Lifestyle
MANDL & SCHWARZ

Willkommen in der Apple-Welt!
Mit Sicherheit die besten Perspektiven 5
Intel-Macs arbeiten jetzt auch mit Windows 5
Die Umsteigefibel – Schritt für Schritt 7

Ich und mein Mac – was ist drin
und dran am Apple-Computer? 9
Eine Einleitung (nicht nur für Windows-Nutzer) 9
Spannendes »Spotlight«: Wie finde ich meine Daten wieder? 14
Menüleiste – im munteren Wechsel (und je nach Bedarf) 14
Das Dock – hervorragender Ausgangspunkt für Ihren Start 16
Ihr Schreibtisch auf dem Mac –
mit sofortigem Zugriff auf »Dies und Das« 19
Systemeinstellungen – die Brücke Ihres Traumschiffs 19

Rund um den Mac – externe Geräte
anschließen und ab ins Internet! 21
Anschluss gesucht, aber wo genau? 22
Drucker – wie ich mein bisheriges Arbeitsgerät an den Mac bekomme 23
Mit dem Mac ins Internet – eine Anleitung 25
Drahtlos, daheim und unterwegs 29
Schnell und erfolgreich: Wie Sie Ihre digitalen Bilder
auf dem Apple-Rechner erstrahlen lassen 31

Ihr Einstieg in die Apple-Welt –
auch für Computer-Neulinge 33
Details und Finessen an iMac, MacBook & Co. 34
Programme locker laufen lassen 35
Benutzerkonten – mehrere Apple-Freunde teilen sich den Mac 37
CDs, DVDs und anderes Futter für Ihren Mac 40
Software aktualisieren – und das sogar bedienerfreundlich 41
Der Lebensretter für den Daten-GAU –
Backups erstellen mit »Time Machine« 41
Über den Horizont geschaut: »Spaces« 44

Windows auf dem Mac –
mit »Boot Camp« von Apple 45
Durchdachtes Design von Apple,
gewohnte Umgebung von Windows 45
Für einen guten Start – die Vorbereitungen 46
Installieren mit Bedacht 50
Der Assistent, Ihr freundlicher Begleiter 48
Die Ecke für Windows auf Ihrem Mac:
Auf die Partition – und fertig! 56

Windows virtuell: »Parallels« und »Fusion« als attraktive Alternativen ... 63
»Parallels Desktop« – wieselflink wechseln für zwischendurch ... 63
Installation mit cleveren Klicks ... 64
Windows komplett und sturmfest – gerade auf dem Weg ins Internet ... 69
Geniale Ansichten und Optimierungen ... 72
Daten austauschen – ohne Barrieren ... 74
Wie Sie Ihren PC überholen: mit »Fusion« von »VMware« ... 78
Möglichkeiten fürs Monetäre: (Online) Banking, Steuern & Co. ... 86

Dokumente, Bilder, Filme und mehr: Daten erfolgreich transferieren ... 87
Ein Silberstreif: Nicht immer nur Windows ... 87
Mac-Formate für den Daten-Alltag ... 88
Zarte Netzwerk-Bande: Einstellungen auf dem Windows-PC ... 89
Netzwerk-Funktionalität – in Mac OS X bereits integriert ... 93

E-Mails und Adressen – oder: wie ich auf Apple munter weitermaile ... 99
Office allgemein – Dokumente, Tabellenkalkulation und Präsentationen auf dem Mac ... 99
»Schnuppern erwünscht«: Ein erstaunliches Software-Angebot ... 100
Über Umwege ans Ziel: Mit »Thunderbird« transportieren Sie »Outlook« ... 102
Vorarbeiten auf dem Quell-PC (Windows) ... 104
In der Zielgeraden: Daten-Import auf dem Mac ... 109
»Wo sind mein Filofax, Moleskine & Co.?« – Adressdaten sicher übertragen ... 113
Tipps & Tricks für alle Fälle ... 117

Schlummernde Talente: Wie Sie sich mit Ihrem Apple so richtig entfalten! ... 119
Attraktive Anwendungen auf dem Mac ... 120
Wissenswertes über den Horizont hinaus ... 128

Feedback erwünscht! ... 128

Erst Windows, jetzt Mac – eine Übersicht ... 129
Die erweiterte Macintosh-Tastatur ... 139

Stichwort-Verzeichnis ... 140

Impressum ... 4
Ein Publikations-Hinweis noch in eigener Sache:
»Das Grundlagenbuch zu Mac OS X Leopard« sowie
»iPhoto 08 – iLife von Apple für engagierte Digitalfotografen« ... 144

Impressum

Von Windows zum Mac – die Umsteigefibel
sicher und erfolgreich auf Apple wechseln
mit Boot Camp, Parallels Desktop und VMware Fusion

MANDL & SCHWARZ

Mandl & Schwarz-Verlag
Edition Digital Lifestyle

Theodor-Storm-Straße 13
D-25813 Husum / Nordsee

win2mac@mandl-schwarz.de

Bibliografische Information der Deutschen Nationalbibliothek
Die Deutsche Nationalbibliothek verzeichnet diese Publikation in der
Deutschen Nationalbibliografie; detaillierte bibliografische Daten sind
im Internet über http://dnb.d-nb.de abrufbar.

ISBN 978-3-939685-09-8
4. überarb. u. erweiterte Auflage 2008

Copyright © 2007 | 2008 Mandl & Schwarz-Verlag
Alle Rechte vorbehalten. Das Erstellen und Verbreiten von Kopien auf Papier,
auf Datenträgern oder im Internet – insbesondere als PDF – ist nur mit aus-
drücklicher, schriftlicher Genehmigung des Mandl & Schwarz-Verlags gestattet
und wird widrigenfalls strafrechtlich verfolgt. Die meisten Produktbezeichnungen von Hard- und Software, sowie Firmennamen und Firmenlogos, die in
diesem Werk genannt werden, sind gleichzeitig auch eingetragene Waren-
zeichen und sollten als solche betrachtet werden. Der Verlag folgt bei den
Produktbezeichnungen im Wesentlichen den Schreibweisen der Hersteller.

Der Verlag übernimmt keine Haftung für Folgen, die auf unvollständige oder
fehlerhaften Angaben in diesem Buch zurückzuführen ist. Zwar wurde das
Ihnen vorliegende Buch in unzähligen Tages- und Nachtstunden mit großer
Sorgfalt und viel »Herzblut« erstellt – dennoch finden sich ab und zu Fehler, für
die wir uns entschuldigen möchten. Wir sind Ihnen dankbar für Anregungen
und Hinweise.

Besuchen Sie uns im Internet! www.mandl-schwarz.de

Willkommen in der Apple-Welt! Mit Sicherheit die besten Perspektiven

Liebe Leserin, lieber Leser,

recht herzlich bedanken wir uns für Ihr Interesse an dieser Umsteigefibel! Sie wollen erfahren, wie Sie schnell und sicher von Ihrem Windows-Rechner auf den Mac wechseln – und dabei auch weiterhin Ihre Software von *Windows XP* (oder auch von *Vista*) verwenden können. Diese Fibel zeigt Ihnen, wie dieser »Switch« erfolgreich gelingt.

Intel-Macs arbeiten auch mit Windows

Es gibt einige gute Gründe, um von Windows auf den Mac zu wechseln. Und das fängt nicht erst bei *Vista* an, welches in Sachen Arbeitsspeicher, Festplatte und Grafikkarte hohe Anforderungen stellt. Denn bevor Sie sich dafür einen neuen Windows-PC anschaffen, wählen Sie doch lieber den Apple-Rechner, um auf dem aktuellen Stand zu sein.

Ein Mac mit Intel-Prozessor kann dabei ohne größere Probleme Programme – z. B. aus Ihrer bisherigen *Windows XP*-Umgebung – abspielen. Das fängt bei den »üblichen Verdächtigen« an wie etwa *Word, Excel, PowerPoint* und *Outlook* von *Microsoft Office*. Diese laufen auf dem Apple-Rechner in der Windows- wie auch in der Mac-Variante.

Der Charme einer Entscheidung für den Mac liegt aber auch darin, dass Sie Ihre vorhandenen Geräte wie Drucker, Kamera,

Tastatur und Maus gemeinsam nutzen können. Dies ist den Industriestandards *USB, FireWire* und *Bluetooth* zu verdanken, die bewährter Bestandteil jedes Apple-Rechners sind.

Vielleicht haben Sie schon einen *iPod* (oder gar ein *iPhone / iPhone 3G*) und konnten damit erleben, wie reibungslos diese mit Ihrem Windows-Rechner und *iTunes* funktionieren. Genau diese Erfolgsstory können Sie nun auf dem Mac selbst fortsetzen.

Der zweite Grund, warum der Mac so geschätzt wird, liegt in der Sicherheit. Die meisten aktiv genutzten Rechner sind mit dem Internet verbunden. Und dank Breitband-Anschluss / DSL wird das digitale Leben in Sachen E-Mails schreiben, Bilderaustauschen, Videos ansehen und vieles mehr stark erleichtert.

Doch steigt von Monat zu Monat die Anzahl der Angriffe aus dem Internet. Die Verunsicherung ist groß. Denn zusammen mit der Spam-Flut, die den E-Mail-Postkasten überlaufen lässt, erreichen auch Viren, Trojaner, Würmer und andere Schadprogramme den Rechner.

All diesen Schädlingen ist gemein, Sicherheitslücken auf Ihrem Computer-System auszunutzen, um private Daten auszukundschaften (Stichwort: Identitätsklau) oder gar Ihren Rechner als Sprungbrett für weitere kriminelle Machenschaften zu nutzen, von denen Sie noch nicht einmal ahnen.

Nun gibt es keinen hundertprozentigen Schutz gegen Attacken aus dem Internet. Doch trafen von 114.000 Viren – in Worten »Einhundertvierzehntausend« –, die 2005 im Umlauf waren, nicht einer (!) für den Mac zu. Im Jahre 2007 wurden nach einer aktuellen Studie so viele Schadprogramme entwickelt wie in den 20 Jahren davor.

Sicherlich kennen Sie die PC-Warnung *Ihr Computer ist möglicherweise gefährdet* – und so kommt die Internet-Nutzung **mit** Windows **ohne** Antiviren-Programm dem »Fahren ohne Anschnallgurt« gleich. Ein (auch frei verfügbarer) Windows-Virus-Schutz ist stete Pflicht.

Auf dem Apple-Rechner sind Sie dank des Betriebssystems *Mac OS X* ungleich geschützter. Denn das System basiert auf einem *UNIX*-Kern, der der *Open Source*-Bewegung entstammt. Und diese hat sich seit jeher dagegen gewehrt, nur von einem großen Software-Mogul abhängig zu sein. Zwischenfazit: Laut aktueller Studien haben Sie hier mit *Mac OS X* **die besten Perspektiven von allen Computer-Nutzern.**

Ein schönes Beispiel ist hier die *Software-Aktualisierung*, die ebenfalls integraler Bestandteil des Systems ist. Im wöchentlichen (oder einem von Ihnen gewählten) Rhythmus wird Ihr Mac über das Internet auf den neuesten Stand gebracht – und Sie behalten dabei die absolute Kontrolle. **Einen besseren Schutz gibt es wohl nicht.**

Die Umsteigefibel – Schritt für Schritt

Sie kommen nun aus der Windows-Welt und überlegen, schrittweise (oder gleich ganz) in die sicheren Gefilde von Apple zu switchen.

Dabei müssen Sie nicht eine komplett neue Computer-Welt erlernen. Denn Macs arbeiten jetzt auch mit Windows. Dies ist der Technologie *Boot Camp* zu verdanken, die im aktuellen Betriebssystem Mac OS X 10.5 »Leopard« (das Weltraum-Logo »X« steht für die römische Zahl 10) integriert ist. Diese Technologie hat bereits zahlreichen Ex-Windows-Nutzern den erfolgreichen Switch ermöglicht. Wir verraten Ihnen, wie dies auch Ihnen heute gelingt.

So können Sie jetzt auf einem Mac mit Intel-Prozessor und *Boot Camp* Ihr gewohntes *Windows XP* installieren. Alles, was Sie dazu benötigen, ist eine gültige Version des Windows-Betriebssystems. So können Sie alle gängigen, bisherigen PC-Programme auch auf Ihrem Mac laufen lassen; und das ist beachtlich!

Wie Sie hier am besten vorgehen und welche Alternativen sich – z. B. mit der Virtualisierungs-Software *Parallels Desktop* oder auch *Fusion* von *VMware* – bieten, erklärt Ihnen diese Fibel.

Wichtige Daten wie all Ihre Briefe und Unterlagen, Ihre Bilder und Filme von Urlaub und Familienfeier können Sie sicher herüberretten und auch Ihre *Microsoft Office*-Programme *Word*, *Excel* und *Power-Point* gleich weiter nutzen. Wie Sie Ihre E-Mail-Korrespondenz aus *Outlook* sowie Ihre lang gepflegten Adressbuch-Einträge auf den Mac bekommen, erklären wir ebenfalls.

Falls Sie irgendwann mal keine Lust mehr auf die »grüne Windows-Wiese« haben und/oder erfahren wollen, was der Digital Lifestyle wirklich bedeutet, haben wir jede Menge Tipps und Tricks mit in die Fibel gepackt. Denn mit Ihrem Apple-Rechner können Sie noch so vieles mehr – *und das ganz ohne Windows*. Ein Beispiel ist die Software »iLife«, mit der Sie Fotos, Musik, Videos und DVDs erstellen, bearbeiten und verwalten können.

Fazit: Anstatt Ihren PC u. a. für *Microsoft Vista* aufzurüsten, schaffen Sie sich doch gleich einen Mac an – und nutzen Sie Ihre Daten weiterhin wie auf dem Windows-Rechner. Noch dazu begegnet Ihnen eine Computer-Welt, die verständlich, sicher und unterhaltsam ist. Hier erfahren Sie, wie sehr Sie davon profitieren.

Wir wünschen Ihnen eine anregende Lektüre!

Ich und mein Mac – was ist drin und dran am Apple-Computer?

Haben Sie sich entschieden, einen dieser schicken Rechner mit dem Apfel-Logo mit zu sich nach Hause zu nehmen? Dann dürfen wir verraten: Sich auf dem Apple-Computer zurecht zu finden, gehört zu einer der leichteren Übungen. Dennoch sollten Sie, bevor Sie Ihren Mac auspacken, einmal kurz durch dieses Kapitel blättern. Schließlich können Sie so Ihren Mac gleich von Anfang an schnell und produktiv nutzen. Legen wir also los!

Eine Einleitung (nicht nur für Windows-Nutzer)

Nach dem Anschließen von Tastatur und Maus und dem Anschalten Ihres Mac ist die Freude nicht mehr weit: Zuvor erwartet Sie aber ein kleines *Frage & Antwort*-Spiel zu Ihrer eigenen Sicherheit – etwa, unter welchem Namen Sie den Rechner starten wollen (Sie sind also Taufpate) und wie Ihr persönliches Kennwort lauten soll. Zum Punkt »Kennwort« kommen wir später noch einmal; verwenden Sie ein nicht zu gängiges – und am besten gemischt mit einer ungewöhnlichen Zahlenkombination (also nicht das Geburtsjahr …).

Vieles, was Sie in Grundzügen schon aus der Windows-Welt kennen, wird dann zumindest ähnlich sein. So arbeiten Sie mit einer Benutzeroberfläche, die geprägt ist von Symbolen und Fenstern, Sie bedienen den Mac über Menüs und können – wenn Sie dies mögen – noch schneller mit Tastaturkürzeln vorankommen. Starten wir mit einem kurzen Rundgang, was Sie alles genau erwartet:

Die erste Benutzeroberfläche, die sich Ihnen nach dem Start präsentiert, nennt sich auf dem Mac »Schreibtisch«. Auf dem Schreibtisch finden Sie rechts oben (bei Windows waren sie links) das Symbol Ihrer Rechner-Festplatte »Macintosh HD«. Oben sind die Menüs, auf die wir wenig später eingehen werden. Und unten reihen sich Symbole im so genannten »Dock«. Das Dock bietet Ihnen einen Schnellzugriff auf alle Programme und Dateien und erspart eine Menge Mühe. Verharren Sie mit dem Mauszeiger auf einem Symbol im Dock, so wird der entsprechende Name dort eingeblendet.

Das »Apfel«-Menü *Name des jeweils aktiven Programms* *Menüleiste Hilfe (mit Such-Funktion)* *allgemeines Such-Programm Symbol Ihrer Festplatte*

Das »Finder«-Symbol und das »Finder«-Fenster *Papierkorb, klar …*
Ihr (Computer-) Schreibtisch *Das »Dock«* *Symbol »Systemeinstellungen«*

Auf dem Windows-Rechner haben Sie sich vielleicht an den grünen Startknopf links unten am Bildschirm gewöhnt. Über diesen haben Sie auf alle Programme und Dateien zugegriffen und Ihren Rechner gesteuert. Einen ähnlichen Zugang haben Sie nun auf dem Mac, indem Sie rechts oben auf das

Festplatten-Symbol doppelklicken – sogleich öffnet sich ein Fenster, das auf dem Apple-Computer als »Finder« bezeichnet wird und in dem Sie wunderbar navigieren können.

Den »Finder« erreichen Sie z. B. ebenso, indem Sie auf das gleichnamige Symbol am unteren Bildschirmrand klicken – den lächelnden Mac.

Der Finder funktioniert ähnlich wie der Windows Explorer. Nachdem sich das in Rubriken geteilte Fenster geöffnet hat, lässt sich dort schnell auf Programme, Ordner und Daten zugreifen.

Vielleicht haben Sie ja auch schon auf Ihrem bisherigen PC mit der Software *iTunes* gearbeitet. Ganz ähnlich ist das so genannte Finder-Fenster strukturiert; doch der Reihe nach:

Fenster weg, klein/groß oder unten an den Bildrand – hier geht's: *vier Optionen, um den Inhalt zu sehen (hier: Cover Flow)* *das praktische Suchfeld »für zwischendurch«!*

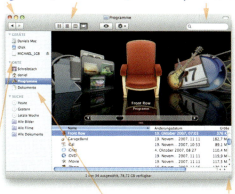

ganz wie in iTunes: die erreichbaren Speichermedien *Im Finder-Fenster erscheinen links auch Ihre eigenen Ordner (und »Orte«)* *packen Sie das geriffelte Eck' – und vergrößern Sie das Fenster nach Wunsch*

Links im Seitenmenü findet sich unter *Geräte* eine Aufstellung aller verfügbaren Rechner. Und haben Sie weitere externe Festplatten oder den iPod am Mac angesteckt, tauchen diese ebenso »in Reih' und Glied« auf. Das Gleiche gilt für CDs oder DVDs. Klicken Sie nach dem Laden der CD oder DVD links auf das neu erschienene Silberscheiben-Symbol, taucht rechts der Inhalt auf.

Darunter scheint – dies sei hier nur ordnungshalber erwähnt – bei Bedarf die Rubrik *Freigaben*, über die Sie auf weitere externe Datenquellen zugreifen können (z. B. Ihren Windows-Rechner im Netzwerk).

Über *Orte* lässt sich prima auf die Programme, den Schreibtisch direkt oder selbst angelegte Plätze zugreifen. Wenn Sie nun auf eines der Symbole klicken, zeigt sich rechts der entsprechende Inhalt. Klicken Sie z. B. auf das Programme-Symbol (mit Bleistift, Pinsel und Lineal im Dreieck), gelangen Sie sogleich rechts auf Ihre Mac-Anwendungen.

> Nun ist ja alles schön in der **Symbolansicht** (siehe hier links unten) dargestellt. Aber gerade wenn Sie weitere Informationen wünschen, können auch andere Ansichtsarten hilfreich sein; dies gelingt Ihnen mit einem Klick auf eines der vier entsprechenden Symbole am oberen linken Ende des Fensters.

Der **Listenansicht** lässt sich schnell entnehmen, wann z. B. das Dokument zum letzten Mal geändert wurde oder um was für eine Art von Datei es sich überhaupt handelt – Text, Bild, Film oder was auch immer.

Über die **Spaltenansicht** lässt sich die Daten-Hierarchie nachvollziehen.

In Leopard ist eine vierte Variante hinzugekommen: **Cover Flow**. Zugegeben, diese Ansicht sieht wirklich toll aus. Wenn Sie unterhalb der Symbole in der Laufleiste mal mit der Maus den kleinen dunklen Balken nach rechts oder links bewegen (alternativ über die Pfeiltasten), fahren die entsprechenden Inhalte wie in einem Karussel an Ihnen vorbei – Sie brauchen dann nur noch den entsprechenden Inhalt doppelt anzuklicken, um ihn zu öffnen.

Apple hält aber noch mehr Möglichkeiten bereit, um sich schnell einen Überblick zu verschaffen und sich auf dem Mac zu orientieren. Eine davon ist die Option »QuickLook« / Übersicht).

Sofern Sie sich auf dem Schreibtisch befinden und Sie nur einmal schnell in eine Datei »hineinspähen« wollen, aktivieren Sie mit einem Klick auf das Augen-Symbol oben im Fenster diese neue Vorschau-Option. Sofern die Datei – wie etwa hier das Benutzerhandbuch-PDF – mehrere Seiten umfasst, lässt sich darin auch mit den beiden kleinen Tasten geschwind blättern. Auch Bilder lassen sich so flink vorab betrachten.

Spannendes »Spotlight«: Wie finde ich meine Daten wieder?

Die Betriebssoftware Mac OS X (das X steht dabei für die Versionszahl 10) beinhaltet ein Suchprogramm mit dem bildhaften Namen »Spotlight«, das Sie unter anderem in der Menüleiste ganz rechts außen finden.

Ihren getreuen Datei-Boten Spotlight erreichen Sie immer und überall, indem Sie einfach rechts oben auf dem Bildschirm auf den kleinen blauen Kreis klicken – manche halten das Lupen-Symbol auch für einen kleinen Tennisschläger …

Suchen Sie etwas, tippen Sie einfach den Begriff ein. Das Phänomen dabei ist: Schon bei den ersten Buchstaben schlägt Spotlight mögliche Fundstellen vor. Und es werden nicht nur – wie sonst üblich – die Namen von Dateien gesucht, sondern auch auf Inhalte von Dokumenten, in denen Ihr Suchbegriff enthalten ist, zurückgegriffen.

Sollten Sie also in einem Brief einen bestimmten Begriff wie etwa »Mittsommernacht« verwendet haben, das Brief-Dokument aber weniger trefflich als »Einladung_Freunde« abgespeichert haben, schlägt Spotlight Ihre Datei mit Sicherheit bereits dann vor, sobald Sie nur »mitts« (oder ein paar Buchstaben mehr) eingegeben haben. Wetten?

Und noch eine Funktion ist ganz praktisch: Mit Spotlight erledigen Sie prima Ihre »Rechenaufgaben für zwischendurch«. Achten Sie dann nur darauf, statt des (europäischen) Zahlenkommas einen (amerikanischen) Punkt zu verwenden. Ideal für alles über das kleine Einmaleins hinaus …

Menüleiste – im munteren Wechsel (und je nach Bedarf)

Auf Windows befindet sich das Menü ja immer am oberen Rand des jeweiligen Fensters. Das hat Apple »schlanker« gelöst: Die Menüzeile befindet sich stets am oberen Bildschirmrand. Und je nach Anwendung und Bedarf wechselt diese halt einfach ihre Bedien-Namen. So jonglieren Sie nicht zwischen etlichen Menüs in verschiedenen Fenstern.

bis auf das Apple-Menü variiert die Menüzeile – eben je nach Programm

Scheint Ihnen dies ungewohnt? Keine Sorge, die Funktionen sind stets dieselben. Wenig später können Sie dies ruhig ausprobieren – z. B. bei den nahezu identischen Programm-Menüs von Microsoft Office auf Windows und auf dem Mac.

Zum Stichwort »Tastenkürzel«: Auf Windows arbeiten Sie ja mit einer Zweitastenmaus. Nun sieht die von Apple ausgelieferte Maus ganz nach einer »Eintasten-Version« aus. Doch was ist nun mit Ihrem Rechtsklick auf Windows geworden?

Täuschen Sie sich nicht! Denn Ihre Maus ist »empfindlich« und merkt, ob Sie mit dem Finger rechts oder links klicken. Und so ist es im Grunde ganz einfach: Wollen Sie jetzt gleich den »Rechtsklick« durchführen (also die rechte Maustaste drücken), klicken Sie auf der Maus einfach auf die rechte Seite; sofort erscheint Ihr gewohntes Kontextmenü.

Sollten Sie Ihr gewöhnliches Maus-Scrollrad vermissen: Bewegen Sie mal den kleinen Gummiball in der Mitte – so fahren Sie statt mit der Maus gleich im ganzen Fenster (wie beim Scrollen) umher: raffiniert!

wie gewohnt: Linksklick mit der »Mighty Mouse« von Apple

suchen Sie das Kontextmenü von Windows? Klicken Sie doch mal hier rechts hin …

Klein, aber tüchtig: Das Scrollrad

Und noch eine frohe Botschaft: Apple verträgt sich mit den meisten der Zwei- oder Mehrtastenmäusen, die Sie auch am Windows-Rechner nutzen – oftmals gleich nach Anschluss an die Tastatur bzw. nach Installation der entsprechenden Treiber. Dann können Sie wie gewohnt weiterarbeiten. Weitere Optionen steuern Sie über den Bereich *Tastatur und Maus* in den *Systemeinstellungen* (dazu wenig später mehr).

Das Dock – hervorragender Ausgangspunkt für Ihren Start

Ähnlich wie die alte Windows-Taskleiste finden Sie auf dem Apple-Schreibtisch unten eine Leiste mit Symbolen, das so genannte »Dock«. Es ist auf Wunsch sehr grafisch und daher besonders benutzerfreundlich gelöst.

So bietet Ihnen das Dock einen schnellen Zugang auf Programme wie z. B. *Mail, Safari, iTunes, Adressbuch* und mehr. Fahren Sie einmal mit der Maus darüber hinweg – das jeweilige Wunschprogramm wird sofort etwas größer dargestellt (wie hier: *Mail*) und mit einem Klick darauf können Sie es dann starten.

Ähnlich wie in Windows XP können Sie Fenster, die Sie gerade nicht im Blickfeld haben wollen, als Miniansicht in die Dock-Leiste »verbannen«. So können Sie z. B. das Mailprogramm zwischenzeitlich »auf die Seite legen« und im Internet surfen, indem Sie in die gelbe Pille klicken, um dann danach die virtuelle Korrespondenz weiterzuführen.

Sobald Programme laufen, wird dies durch ein dezentes Licht unterhalb des Symbols (schauen Sie einmal genau hin) angezeigt. Diese bringen Sie dann nach vorn, indem Sie einfach draufklicken.

»was läuft?« bzw. welche Anwendungen sind gerade aktiv?

Auch wenn es nicht direkt zum Thema »Dock« gehört, hier ein kleiner Tipp: Mit der Tastenkombination ⌘ – ➡ können Sie (wie bei Windows mit der bekannten Kombination *Strg* – ➡) zwischen den einzelnen aktiven Programmen hin und herwechseln:

Drücken Sie doch diese beiden Tasten:

Das wirkt auf Dritte immer recht eindrucksvoll!

Doch wieder zurück zum Dock unten am Bildschirmrand: Damit es noch übersichtlicher wird, sind die Programm-Symbole links und die Datei- und Ordner-Symbole rechts abgebildet.

Natürlich können Sie die Reihenfolge der Symbole im Dock verändern, indem Sie diese (z. B. je nach Gebrauch) mehr nach links oder rechts ziehen; auch lassen sich diese – mit einer anschließenden kleinen Rauchwolke – aus dem Dock herausziehen. Keine Sorge, das Programm ist dabei noch nicht gelöscht. Im Dock sind ja nur die hinweisenden Symbole auf die jeweilige Anwendung abgelegt.

Und so wie Sie Symbole aus dem Dock herausziehen können, lassen sich diese auch hineinlegen – klicken Sie einfach das entsprechende Symbol an und ziehen Sie es ins Dock; links vom Trennstrich die Programme, rechts die Ordner. Öffnen lassen sich diese dann ebenso mit einem simplen Klick. Wollen Sie dann Musik hören, klicken Sie einfach auf das *iTunes*-Symbol.

Wenn Sie das Dock in der Darstelung gerne kleiner oder größer wünschen, packen Sie mit der Maus den kleinen Trennstrich (sieht auch aus wie eine kleine Startbahn) rechts unten und ziehen diese Linie bei gedrückter Maustaste nach oben oder unten.

Und wissen Sie was? Es gibt noch weitere elegante Wege, um an jene Inhalte zu kommen, die Sie in einen Ordner Ihrer Wahl abgelegt haben. Ziehen Sie diesen Ordner dafür mit der Maus erst einmal rechts in die Dock-Leiste hinein. So haben Sie im Dock eine Art Wegweiser, eine »Verknüpfung« (vielleicht kennen Sie ja diesen Begriff noch von Windows) verankert.

Sobald Sie auf diese Verknüpfung klicken, erscheint – wie ein Springteufel – ein Stapel mit all jenen Inhalten, die Sie in diesen Ordner deponiert haben.

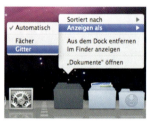

Bei einer überschaubaren Datei-Anzahl bleibt es dann bei der schönen Fächer-Darstellung. Sobald es zu viele für einen Fächer werden, wechselt die Ansicht in eine Art Gitter. Die Fächer- oder Gitter-Darstellung lässt sich auch je nach Geschmack einstellen, wenn Sie mit der Maus darauf klicken und die Taste dabei ein klein wenig länger gedrückt halten – dabei fährt ein Menü heraus.

Ihr Schreibtisch auf dem Mac – mit sofortigem Zugriff auf »Dies & Das«

Über den Schreibtisch haben wir ja bereits kurz gesprochen. Ähnlich wie auf Ihrem Windows-Rechner lassen sich hier allerlei Daten und Ordner ablegen oder auch Bilder ändern.

Ein großer Unterschied zu Windows aber liegt darin, dass alle mit dem Mac verbundenen externen Festplatten und geladenen Datenträger wie eine CD oder DVD gleich auf dem Schreibtisch angezeigt werden (und nicht wie bei Windows erst über den Punkt *Arbeitsplatz*). Das erleichtert den Zugriff auf die einzelnen geladenen Medien sehr.

So wird z. B. ein USB-Stick unmittelbar auf dem Schreibtisch angezeigt, sobald Sie diesen an den Mac gesteckt haben, und Sie können flink darauf zugreifen.

Systemeinstellungen – die Brücke Ihres Traumschiffs

Auf Windows konnten Sie ja Ihren Rechner, Monitor, Tastatur etc. über das *Start*-Menü und dann mit einem Klick auf *Systemsteuerung* fein justieren.

Auf dem Mac erledigen Sie das, indem Sie auf das Apfel-Symbol oben links am Bildschirm (welches immer zu sehen ist) klicken und dann auf *Systemeinstellungen* gehen.

> Jedoch Vorsicht! Hier sind Sie im **Schaltzentrum Ihres Apple-Rechners.** Dieses Areal ist nichts für hektische Klick-Manöver!

Schauen wir uns also in Ruhe um: Neben der groben Aufteilung *Persönlich(e Einstellungen)*, *Hardware*, *Internet* etc. finden sich Symbole, über die Sie den Rechner an Ihre Bedürfnisse anpassen können. Der Anschaulichkeit halber doch vielleicht einmal Beispiele:

Über das »Drucker«-Symbol in *Hardware* können Sie Ihren bisherigen Drucker anschließen (sofern er »so halbwegs« auf dem aktuellen Stand ist, funktioniert das mit einem simplen Einstecken der USB-Kabel); wenn Ihre Kinder einen geschützten Bereich zur Nutzung zugewiesen bekommen sollen, lässt sich dies über das Anlegen eines eigenen »Kontos« bei *Benutzer* anlegen – auch das ist schnell getan. Und im Bereich *Netzwerk* stöpseln Sie sich ans Internet an (Sie werden auf den nachfolgenden Seiten sehen, wie schnell dies geht).

zu viele Details? Dann tippen Sie Ihre Frage einfach in dieses Fenster – mögliche Antworten werden automatisch vorgeschlagen / beleuchtet. Prima!

Wie gesagt, die Systemeinstellungen sind das »Herz« Ihres Rechners. In Verzweiflungs-Stimmung (die bei dem Mac eh weniger aufkommt) halten Sie besser so lange Distanz, bis (am nächsten Morgen?) wieder ein besonnenes »Schalten & Walten« denkbar ist.

Natürlich haben wir noch nicht alle schönen Dinge um den Mac vorgestellt. Doch sollte Ihnen diese erste Einführung ausreichen, um nach dem Auspacken recht schnell entsprechende Erfolgserlebnisse zu verzeichnen. Wohlgemut, frisch an den Apple-Karton! Und detaillierte Informationen finden Sie auch im übernächsten Kapitel, in dem wir Sie in die Apple-Welt einführen werden – z. B. in *Time Machine* als Sicherheitsnetz für Ihre Daten. Doch zuerst geht es einmal um den Anschluss externer Geräte.

Rund um den Mac – Externe Geräte anschließen und ab ins Internet!

Mit dem Wechsel vom Windows-PC auf den Macintosh ist nicht zwangsläufig der Austausch sämtlicher externer Geräte verbunden. Im Gegenteil, die meisten Drucker, Digitalkameras, Lautsprecher, externe Festplatten und vieles mehr können natürlich auch am Apple-Rechner genutzt werden.

Das Betriebssystem von Mac OS X beinhaltet bereits die Software-Treiber von vielen Geräten. Nehmen wir z. B. Ihren Drucker: Sobald Sie diesen an den Mac anschließen, wird er auch erkannt – eine zusätzliche Installation ist zumeist gar nicht vonnöten.

Benutzen Sie dafür den USB-Anschluss an Ihrem Mac sowie das Kabel, welches Ihnen von Ihrem Drucker mitgeliefert worden ist. Ein kurzer Blick in das Bedienerhandbuch Ihres Druckers – und schalten Sie ihn dann ein.

Sollte er allen Annahmen zum Trotz nicht vom Mac erkannt werden, konsultieren Sie bitte als zweite Maßnahme die Website des Drucker-

Herstellers (und hier meist die Rubrik *Support / Downloads);* laden Sie dann den aktuellen Treiber herunter und installieren Sie ihn.

> Nochmals: Das Betriebssystem Mac OS X enthält für fast jeden gebräuchlichen Drucker – sei es Tintenstrahl oder Laser – die entsprechenden Treiber.

Nach der Treiber-Installation sollte die Verbindung zwischen Gerät und Mac genau wie auf dem Windows-Rechner funktionieren.

Und hier noch ein Tipp für Fortgeschrittene: Sollte mal kein Mac-Treiber vorhanden sein, kann immer noch eine Software-Lösung via *Open Source* (gimp-print.sourceforge.net/MacOSX.php3) oder von Drittanbietern vorliegen. Hier hilft eine Internet-Recherche (auch in den Mac-Foren, die wir am Ende dieser Fibel aufführen).

Gerade bei Digitalkameras kann Apple deren Speicherkarte meist als externes Speichermedium erkennen und auf die Bilddaten zugreifen – selbst im unwahrscheinlichen Fall, dass die Kamera nicht direkt mit der Bildbearbeitungs-Software *iPhoto* gleich zusammenarbeitet.

Anschluss gesucht, aber wo genau?

Auf den Seiten Ihres Mac-Rechners befinden sich einige geometrische Anschlüsse, die sich zum Teil voneinander unterscheiden. Hier wartet Ihr Mac auf eine Leitung nach außen. Und vielleicht kommen Ihnen die Begriffe »USB« und »FireWire« ja schon bekannt vor.

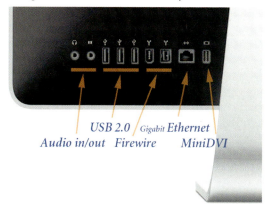

Tastatur und Maus werden mit dem Rechner über den so genannten USB-Port verbunden. Bei einer Internet-Verbindung greifen Sie zumeist über Ethernet (oder den Modem-Anschluss) darauf zu; sofern Sie nicht gleich kabellos / über AirPort ins Netz gehen. Für all diese sind – in überschaubarer Zahl – Anschlüsse vorhanden.

Aller Erfahrung nach bleibt es aber nicht bei diesem Gerätepark; doch wie kommen diese dann an Ihren Mac? Auch hierzu gibt es etliche Dritt-Anbieter, die Ihnen einen so genannten »Hub« (sprich: Hap) als Zwischenstelle verkaufen, sei es für USB oder FireWire. Selbst für den Ethernet-Anschluss können Sie diverse »Schaltzentralen« (auch »Switch« genannt) zum finanzierbaren Preis erwerben.

Drucker – wie ich mein bisheriges Arbeitsgerät an den Mac bekomme

Die gängigen Druckermodelle brauchen – wie bereits erwähnt – auf dem Mac keine gesonderte Software (selbst wenn diese auf der dem Drucker beigelegten CD vorliegt). Um genau nachzuvollziehen, ob denn der Rechner jetzt auf Ihr bisheriges Gerät zugreifen kann, öffnen Sie bitte ein Bild, einen Text oder ein PDF. Gehen Sie dann über das Menü *Datei* (oder *Ablage* / gleich rechts neben dem Programm-Namen) auf *Drucken* – oder drücken die Tastenkombination ⌘ – P.

Nun erscheint ein Druck-Dialogfeld. Ist dort rechts neben »Drucker« Ihr Gerät aufgeführt? Herzlichen Glückwunsch! Unter Umständen klicken Sie auf die Liste der Drucker, die dort angezeigt werden; diese erscheint nur, indem Sie mit der Maus darauf klicken – man nennt dies »Popup«-Menü (sprich: Poppap), wenn die Liste erst durch Klicken auftaucht.

Sollte dies nicht der Fall sein, klicken Sie bitte in genau dieser Liste neben *Drucker* dann auf *Drucker hinzufügen*. In dem nun auftauchenden Fenster suchen Sie sich Ihren Wunsch-Drucker aus und klicken bitte nochmals auf *Hinzufügen*. Nun sollte er zum Druck zu Diensten sein.

Für die etwas Fortgeschrittenen hier der Hinweis, dass sich natürlich auch Drucker über ein (heimisches) Netzwerk erreichen lassen:

Gehen Sie dafür auf dem Schreibtisch über das -Menü auf *Systemeinstellungen* und dort auf *Drucken & Faxen*. Spätestens dort sollte dann Ihr Drucker sichtbar sein; zudem können Sie dort (sofern noch nicht automatisch erkannt) das vorhandene Zubehör wie etwa eine Duplex-Einheit oder ein zweites Papierfach am Drucker einstellen. Ist ein Drucker in ein Netzwerk eingebunden, sollten Sie die Option *Diesen Drucker gemeinsam nutzen* aktivieren.

Die restliche Druck-Prozedur ist eigentlich ähnlich wie auf Ihrem Windows-Rechner (inklusive Papierauswahl, kostensparender Graustufendruck und so fort). Viel Spaß!

Mit dem Mac ins Internet – eine Anleitung

Die meisten Apple-Einsteiger kaufen ihren Mac wohl auch deswegen, da sie sich damit sicherer im Internet bewegen wollen. Zurecht, schließlich sind der Großteil aller über das Internet kursierenden Schad-Programme und Viren für die Windows-Plattform gedacht. Wie Sie nun mit dem Mac ins Internet kommen, erklären wir gern in diesem Abschnitt.

Für den komfortablen Zugang empfiehlt sich die Nutzung von DSL, die natürlich einen Vertrag mit einem »Internet Service Provider« /

ISP wie T-Home (ehemals Deutsche Telekom), 1&1 (mit GMX und Web.de) oder Freenet und anderen voraussetzt.

Alle Anbieter liefern Ihnen entsprechende Informationen, wie genau Sie Ihr DSL-Modem anschließen (das sind plattform-übergreifend dieselben Standards); häufig werden die zugehörigen Daten bei dem Geräteanschluss auch automatisch auf Ihrem Mac eingetragen. Halten Sie dann aber in jedem Fall die Ihnen vom Provider zugesandten Zugangsdaten *(Konto/Account-Informationen* und *Kennwort)* bereit.

Nun gehen wir es schrittweise an.

* Schließen Sie bitte das DSL-Modem an die Telefonleitung an und verbinden Sie dieses mit einem Ethernet-Kabel mit Ihrem Computer (siehe auch das Bild zu den Anschlüssen einige Seiten vorher).

* Schalten Sie das Modem ein.

* Über das -Menü gehen Sie bitte auf die *Systemeinstellungen.*

* Dort klicken Sie in der Rubrik *Internet & Netzwerk* auf die violett-farbene Kugel *Netzwerk.*

Im sich nun öffnenden Fenster sehen Sie nun alle möglichen Verbindungswege wie etwa *Internes Modem, AirPort* oder *FireWire.* Uns interessiert hier der klassische Weg über eine Kabelverbindung mit dem DSL-Modem.

* Klicken Sie daher bitte auf *Ethernet* (wie in der nächsten Abbildung zu sehen).

* Nun kann es durchaus sein, dass auf der rechten Seite in der Rubrik *DHCP* Ihr DSL-Modem auomatisch erkannt wird. Oftmals ist dies aber auch nicht der Fall. Wir empfehlen daher rechts neben »Konfiguration« die Option *DHCP mit manueller Adresse* zu aktivieren; so gehen Sie einfach auf Nummer Sicher.

❖ Anschließend geben Sie zur Erkennung des Modems Ihre IP-Adresse z. B. wie folgt ein: *192.168.1.100*. Die *Subnetzmaske 255.255.255.0* sowie alle anderen Daten sollten sich automatisch ergeben.

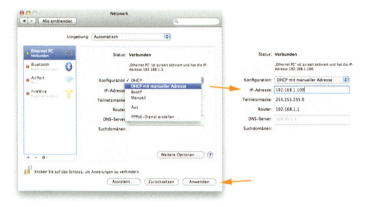

❖ Bitte bestätigen Sie dann mit *Anwenden*. Nun sind wir nur noch wenige Schritte vom Netz entfernt …

Damit Sie von Ihrem Zugangs-Vertragspartner / ISP erkannt werden, tragen wir nun die persönlichen Daten ein.

❖ Dazu gehen Sie wiederum rechts neben *Konfiguration* auf den Punkt *PPPoE-Dienst erstellen*. Gleich danach können Sie in den

Feldern *Account-Name* und *Kennwort* Ihre Zugangs-Daten (aus der Mitteilung Ihres Providers) übertragen.

Spätestens jetzt stellt sich wieder die Frage, wie Sie denn das @-Zeichen schreiben: Ganz einfach mit der Tastenkombination ⌥ – *L*. Wir helfen doch gern mit derlei Tipps. ;-)

❖ Nun müssen Sie nur noch zwei Tasten in der richtigen Reihenfolge klicken: Zuerst *Anwenden* und dann *Verbinden* (anders herum geht es nämlich nicht) – und schon sind Sie wieder über das Internet für alle Lieben und Unliebsamen erreichbar (Sie müssen es ja nicht jedem gleich verraten …).

❖ Sehr wahrscheinlich haben Sie die standardmäßig aktivierte Option *PPPoE-Status in der Menüleiste anzeigen* noch gar nicht bemerkt. Damit haben Sie die Möglichkeit, sich stets über die Menüleiste rechts oben mit dem Internet zu verbinden. Schauen Sie doch einmal auf das kleine Zeichen ‹› und klicken Sie darauf. So geht's noch schneller mit dem Internet-Zugang!

Danach können Sie sogleich mit dem Browser *Safari* (das Apple-Pendant zum Windows-Browser »Internet Explorer«) im Web surfen. Probieren Sie es aus!

Sollte es wider Erwarten Probleme geben oder Sie zum Beispiel den Zugang über ein Netzwerk zum Internet suchen, dürfen wir Ihnen den **Netzwerk-Assistenten** ans Herz legen, der Sie – über *Systemeinstellungen | Netzwerk | Knopf »Assistent«* – bei der Installation Ihres Internet-Zuganges begleitet.

Einfach der Ordnung halber können Sie all jene Zugangswege, die Sie nicht nutzen, eben über die *Systemeinstellungen | Netzwerk* auch de/aktivieren. So haben Sie Ihre Schnittstellen – wie etwa *AirPort* – zur »Welt da draußen« bestens unter Kontrolle.

Zum Thema »Internet & Mac« möchten wir auch – neben zahlreichen anderen Apple-Händlern – das wendige Kieler Unternehmen *TKR* empfehlen. Es hält unter `www.tkr.de` für seine Kunden in fast allen telekommunikativen Lebenslagen zum Apple Macintosh eine hilfreiche Antwort bereit.

Drahtlos, daheim und unterwegs ...

Apple bietet den so genannten *WLAN*-Zugang natürlich auch für seine Rechner an. Die Technik hierzu nennt sich *AirPort*. In dieser Umsteigefibel sollte diese Möglichkeit zumindest erwähnt werden.

Wichtig ist, dass *AirPort* bei Ihnen im Mac eingebaut, die zugehörige *AirPort Extreme*-Basisstation vorhanden sowie am *AirPort Extreme* Ethernet WAN-Anschluss Ihr DSL- oder Kabelmodem angeschlossen ist.

- Zur weiteren Installation gehen Sie bitte über den Menüpunkt *Gehe zu* auf den Punkt *Dienstprogramme*.

- Hier starten Sie nun das Programm *AirPort-Dienstprogramm*, das Sie bei der Einrichtung begleitet.

Damit können Sie nicht nur auf der Wohnzimmer-Couch surfen, sondern auch über das Einbinden einer *AirPort Express*-Basisstation Ihr *iTunes* auf Ihre heimischen Stereoanlage genießen. Dies einfach als Blick über den Einstiegs-Horizont Ihres Macs hinweg.

Für all jene, die sich in einem »weißen Fleck« auf der Landkarte der DSL-Versorgung befinden (oder gern mobil sind), bietet sich darüber ja auch die Nutzung von *UMTS* an. Anbieter sind u. a. T-Mobile und Vodafone, wobei Letzterer mit einem problemlosen Zugang durch die Mac-kompatible »Easy Box« besticht, die zudem noch schön design ist. Für DSL-Kenner: Mit diesem Funkmodem können per *HSDPA*-Standard bis zu 3,6 Mbit/s im Download erreicht werden.

Die Anleitung zur Installation liegt den Geräten bei. Der Einsatz von *UMTS* oder gar *HSDPA* ist etabliert und kann eben für jene, die die »Telekom« schmählich vernachlässigt, durchaus empfohlen werden.

Für den gehobenen mobilen Bedarf rund um den Mac schauen Sie doch auch einmal bei dem Unternehmen www.novamedia.de vorbei – speziell für *UMTS* (und das Stichwort *HSDPA* als schnelle Mobil-Variante) finden sich mit »launch2net« wissenswerte Angebote.

Schnell und erfolgreich: Wie Sie Ihre digitalen Bilder auf dem Apple-Rechner erstrahlen lassen

Neben dem Mac wartet sicherlich auch noch eine Digitalkamera auf Ihrem Schreibtisch. Auch stellt die Verbindung zum Mac eine niedrige Hürde dar.

Dafür sorgt schon das Bildbearbeitungs-Programm *iPhoto*, welches Sie auf Ihrem Mac finden.

❖ Nutzen Sie dafür das mit der Digitalkamera mitgelieferte Kabel und verbinden Sie diese mit dem Mac.

❖ Schalten Sie dann Ihre Kamera ein; meist müssen Sie sie auf *Play* einstellen.

❖ Sollte *iPhoto* nicht automatisch starten, können Sie dies auch mit einem Klick im Dock öffnen.

- iPhoto wechselt in den *Import*-Modus, bei dem Sie nur den gleichnamigen Knopf rechts unten drücken müssen. Warten Sie eine Weile, bis alle Bilder herüber geladen sind.

- Alles auf dem Mac? Prima. Dann suchen Sie bitte in der *Quellen-Liste* oben den Namen Ihrer Kamera und drücken Sie daneben auf den *Auswurf*-Knopf.

- Nun sollten Sie die Kamera mitsamt Kabel von Ihrem Mac abziehen. Das war es schon!

> Möchten Sie Ihre Bilder ganz ohne *iPhoto* auf den Rechner laden, können Sie dies auch über das Programm *Digitale Bilder* erledigen.

Das Programm erreichen Sie z. B., indem Sie ein Finder-Fenster öffnen, links *Programme* wählen, rechts dieses Symbol doppelt anklicken und danach Ihre Bilder auf den Mac laden.

Dies nur als weitere Option. Wer allerdings sich einmal mit iPhoto befasst hat, wird diese Alternative nicht mehr benötigen – versprochen!

Dies sind einige der ersten Aufgaben, die Sie vielleicht an Ihrem neuen Computer meistern wollen. Weitere Informationen, welche Programme sich am Mac für welchen Zweck am besten eignen, finden Sie auch noch einmal am Schluss dieser Fibel.

Ihr Einstieg in die Apple-Welt – auch für Computer-Neulinge

Sobald Sie sich mit der Benutzeroberfläche von Apple angefreundet haben – und das geht recht schnell –, darf es gleich losgehen mit Ihrem Mac. Allerdings hilft es Ihnen schon, wenn Sie sich zuvor noch den kleineren Finessen widmen, die Ihnen den Alltag mit Ihrem Rechner erleichtern.

Dabei geht es vor allem um die Einrichtung von Benutzerkonten, die Installation und Aktualisierung von Software, das Auswerfen von Medienträgern und natürlich auch das Speichern von Daten.

Sie merken es schon, hier geht es um die etwas grundlegenderen Dinge rund um den Computer, weswegen sich manche Windows-Umsteiger u. U. »nicht unbedingt herausgefordert« fühlen. Gerade wenn Sie aber neu auf dem Mac sind, hilft Ihnen die Lektüre, sich noch etwas souveräner durchzuklicken. Und Sie werden sehen – irgendwann ist auch das iPhone nicht mehr weit … :-)

Auch das sei nochmals gesagt: Es gibt keinen leichteren Einstieg in die Welt der Computer als den Umgang mit einem Mac. Dieser nimmt Ihnen oftmals technische Details ab (mit denen Sie auf dem Windows-Rechner durchaus zeitraubend konfrontiert werden) und hält Ihren Kopf frei für die wichtigen kreativen Aufgaben.

Details und Finessen an iMac, MacBook & Co.

Tasten wir uns einmal heran: Ist Ihr Mac eingeschaltet? Wenn Sie dann z. B. auf Ihrem MacBook (dem Notebook von Apple) auf der Fläche unterhalb der Tastatur – dem Trackpad – herumfahren, bewegt sich auf dem Bildschirm ein Zeiger-Symbol.

Manches Mal verwandelt sich der Zeiger in ein Hand-Symbol oder in ein Plus-Zeichen, oder in einen bunten Ball – all dies hängt davon ab, was Sie gerade am Rechner tun. Wenn Sie z. B. ins Internet gehen, nutzen Sie meist das bereits erwähnte Browser-Programm namens *Safari*, das Sie vielleicht auch schon als Windows-Version kennen gelernt haben. Damit schauen Sie sich Webseiten an – und noch während Sie die Maus über den jeweiligen Inhalt bewegen, ändert sich das Symbol.

Dies kann ein Schreibzeichen (der vertikale Strich) sein, sobald Sie sich über Textstellen (zum Markieren) befinden oder das Hand-Symbol (wenn es etwas zu crklicken gibt). Der bunte, sich drehende Ball zeigt an, dass auf Ihrem Mac etwas in Arbeit ist (auf Windows ist dies ja gern mal die Sanduhr). Sollte es Ihnen dennoch zu lange dauern, klicken Sie testweise einfach mal woanders hin, so dass sich das Symbol wieder ändert.

Wenn Sie nun das Trackpad bedienen oder mit der Maus klicken, wird das Objekt, auf dem der Zeiger gerade steht, ausgewählt. Sollten Sie auf dem Bildschirm den Zeiger über einen Knopf bewegen, wird dieser virtuell »gedrückt«. Und bei einer Verknüpfung – einem »Link«, wie man dies gern auch bezeichnet – wird diese dann aktiviert. Eine weitere Option ist ein Textfeld, welches Sie – nach dem Klick – dann sogleich mit Text füllen können.

Sobald Sie aktiv werden, erscheint das ein oder andere Mal ein so genanntes »Dialogfeld«, das Sie befragt, in welche Richtung Sie gern fortfahren möchten. Ein Beispiel ist hier der Drucken- oder Speichern-Befehl. In diesem Feld befindet sich (meist unten rechts) eine blaue, leicht pulsierende Box. Denn der Rechner »denkt mit« und schlägt Ihnen dies als favorisierte Hauptaktion vor – nun ja, beim Drucken und Speichern ist da auch nicht zu viel Computer-Grips gefragt. Entscheidend für Sie ist, dass Sie – statt die blau-pulsierende Taste zu drücken – genauso gut die ←┘-Taste betätigen können. Denn manches Mal ist die Tastatur (beim flinken Arbeiten) doch näher als die Maus …

Mit den MacBook-Modellen bietet Apple auf dem »Trackpad« eine zusätzliche Funktion: Sobald Sie diese nicht nur mit einem, sondern mit zwei Fingern berühren, können Sie in Fenstern oder großen Bild-Dateien nach rechts, links, oben, unten oder auch im Kreis scrollen. Das ist sehr hilfreich! In den aktuellen Modellen wie dem MacBook Air wurden die »Multi touch«-Funktionen sogar erweitert: So können Sie mit zwei aus- oder zueinander gehenden Fingerspitzen auf der dortigen Bedienerfläche – ähnlich wie auf dem iPod touch oder dem iPhone – Objekte am Bildschirm vergrößern oder verkleinern.

*das iPhone lässt grüßen:
Mit zwei Fingern Ansichten
z.B. drehen und zoomen*

Programme locker laufen lassen

Da Ihr Mac ein stabiler Rechner ist, können Sie durchaus mehrere Programme nebeneinander laufen lassen. Natürlich hängt dies auch davon ab, wie viel Speicher Sie Ihrem Apple-Computer beim Einkauf gegönnt haben.

Es gilt zwar immer die Devise, in die technische Zukunft nicht zu sehr vorzuinvestieren (da die Preise für Speicher eigentlich immer fallen werden). Dennoch darf Ihr Mac durchaus »einen Speicherriegel mehr« vertragen (im Gegensatz zu einem Schokoriegel bei leichtem Übergewicht) – und das gerade dann, wenn Sie zusätzliche Programme außer der Grundausstattung installieren.

Ein Beispiel: Sollten Sie gerade mit *Mail* arbeiten – dem kostenfreien E-Mail-Programm von Apple – kann im Hintergrund durchaus Ihr Bildprogramm *iPhoto* laufen. Und wenn Sie Lust daran haben, mag ebenso das Musikprogramm *iTunes* im Hintergrund für einen anregenden Klangteppich sorgen.

Da dies so hilfreich ist, hier nochmals kurz der Hinweis: Sie kennen dies mit *Strg* und →| vielleicht auch von Windows – Sie können hurtig zwischen den Programmen wechseln, indem Sie die Tasten ⌘ und →| gleichzeitig betätigen. Zum (über)nächsten laufenden Programm springen Sie durch ein mehrfaches Drücken von ⌘ und →|.

Und da wir gerade beim Thema sind: Mit Sicherheit kennen Sie von Windows auch die gängigen Tastenkürzel, mit denen Ihre Arbeit am Rechner geschmeidiger abläuft. Und natürlich sind diese Kürzel auch auf dem Mac vorhanden, indem Sie die Windows-*Strg*-Taste durch die Befehls-Taste ⌘ auf dem Mac gedanklich ersetzen:

⌘ – C	für **Kopieren**
⌘ – V	für **Einfügen**
⌘ – Z	um den zuletzt getätigten Arbeitsschritt wieder **rückgängig** zu machen, sofern es das Programm zulässt etc.

Sobald Sie ein Programm gestartet haben, können Sie per ⌘ – O eine Datei suchen bzw. öffnen und natürlich mit ⌘ – S (oder nach dessen Bearbeitung unter neuem Dateinamen per ⌘ – ⇧ – S) abspeichern.

All diese Befehle finden Sie stets auch über die jeweiligen Programmmenüs am oberen Ende des Bildschirms; klicken Sie sich einfach mal durch bzw. schauen Sie mal in die Übersicht am Ende dieser Seite.

Noch ein wichtiger Hinweis: Wenn Sie ein Programm über die rote Pille links oben am Fensterrand weggeklickt haben, heißt dies noch lange nicht, dass Sie das Programm beendet haben. Denn wir wissen nun ja, dass der Mac durchaus mehrere Programme nebeneinander laufen lassen kann. Gehen Sie dann bitte über die Tastenkombination ⌘ – ↹ auf das jeweilige Programm und beenden Sie dies, falls nicht mehr erwünscht, »ordnungsgemäß« oben im Menü mit Klick auf den *Programmnamen* und dann am Ende des Menüs auf *Beende »Programm«*.

> Sobald Sie das Programm per ⌘ – ↹ »nach vorne geholt« haben, können Sie dies auch mit der Tastenkombination ⌘ – *Q* (für »Quit« / beenden) verabschieden.

Benutzerkonten – mehrere Apple-Freunde teilen sich den Mac

Ok, diese Zeilen können auch ganz am Anfang der Fibel stehen: Sobald Sie einen Apple-Rechner erstanden haben, müssen Sie ein so genanntes »Benutzerkonto« einrichten. Vielleicht haben Sie dies selbst gemacht; vielleicht hat aber auch eine »gute Seele« aus Ihrer Umgebung dies für Sie übernommen.

Ohne dieses Benutzerkonto geht nichts – und würde Ihr Mac derzeit auch nicht laufen. Wenn Sie darauf (noch) als Einzelnutzer registriert sind, ist dieses »Konto« auch Ihr so genanntes »Administrator-Konto«.

Die Menüleiste im Finder – auch eine ideale Gelegenheit, um Tastenkürzel abzuschauen …

Keine Sorge, dies artet nun in kein »Jäger-Halali« aus. Es geht lediglich darum, Sie im alltäglichen Umgang mit Ihrem Mac vor unliebsamen Überraschungen zu schützen. Denn zu Ihrem Benutzerkonto gehört auch ein Kennwort, welches Sie gut aufbewahren sollten (das »Versteck« unterhalb der Tastatur hat schon ausgedient …).

Ein Administrator-Konto sorgt dafür, dass Sie Programme auf Ihrem Rechner eben nur ganz bewusst mit Eingabe des entsprechenden Kennwortes installieren.

Falls ein Freund oder Bekannter Ihnen den Mac eingerichtet hat: Möchten Sie jetzt kontrollieren, welchen Zugriffsstatus Sie auf Ihrem Rechner haben? Gehen Sie dafür einfach über das -Menü auf *Systemeinstellungen* und dann in der Rubrik *System* auf *Benutzer*. Steht in dem sich öffnenden Feld links oben in der Liste unter Ihrem Benutzernamen dann *Admin*, haben Sie die Allgewalt – und sollten damit sorgsam umgehen. Niemand anders kann dann auf Ihrem Rechner auf geschützte Bereiche zugreifen – so lange jedenfalls, bis sie Ihr Kennwort entdeckt haben (also bitte nicht unbedingt unter der …).

Möchten Sie nun Dritten den Zugang zu Ihrem Computer gestatten, klicken Sie dabei zuerst auf das Schloss-Symbol unten links, so dass dieses – nach Eingabe Ihres Administratoren-Kennwortes – geöffnet (🔓) ist. Anschließend können Sie über das Plus-Zeichen (➕) neue Zugänge – ggf. mit neuen Kennworten – ermöglichen.

Die Finesse für Sie als Administrator (und somit »Verwalter« Ihres Rechners) liegt darin, mit diesem neuen Konto dann nach Anlegen über das Stichwort *Kindersicherung* rechts nur den Zugriff auf jene Programme zu gestatten, die Ihnen nötig erscheinen und auch diese ggf. nur beschränkt zuzulassen. Hier können Sie auch Zeitfenster bestimmen, bis zu denen der Mac genutzt werden darf. Die Zugriffsmöglichkeiten lassen sich im laufenden Betrieb erweitern oder einschränken (je nachdem, ob die Hausaufgaben fertig sind, nicht wahr …).

Auch können Sie auf diesem Weg getrost Gäste an Ihren Rechner lassen (wer kennt die Bitte von fernreisenden Freunden nicht: ob sie mal kurz ihre Mails checken könnten …). Klicken Sie dazu links auf *Gast-Account* und haken Sie dann die Option *Gästen erlauben, sich an diesem Computer anzumelden* an.

Es sei aber auch gleich gewarnt: Die Gast-Daten werden gelöscht, sobald der Besuch sich wieder am Mac abmeldet. Aber das ist ja auch ganz sinnvoll so. Zum Thema »Kindersicherung« finden Sie auch in den *Systemeinstellungen* eine eigene gleichnamige Rubrik.

CDs, DVDs und anderes Futter für Ihren Mac

Die gute Nachricht: Jeder aktuelle Mac-Rechner kann CDs und DVDs lesen und abspielen. Mit einem eingebauten Combo-Laufwerk können Sie CDs auch brennen; mit einem so genannten *SuperDrive*-Laufwerk lassen sich sogar DVDs brennen.

Die CD und DVD lässt sich ganz leicht in den entsprechenden Schlitz vorn oder auf der Seite hineinstecken; ab einem bestimmten Moment erkennt Ihr Mac sein »Futter« und zieht es ein.

Besitzt Ihr Rechner eine Schublade, klicken Sie einfach auf die Auswurf-Taste und die Schublade öffnet sich. Nach Einlegen der CD/DVD drücken Sie wieder die Taste und schon schließt sie sich. Halten Sie nun Ihren Schreibtisch rechts oben im Auge: Dort erscheint nun ein Silberscheiben-Symbol, das Sie per Doppelklick öffnen und auf den Inhalt zugreifen können. Oftmals startet die zugehörige Anwendung auch selbstständig, wie z. B. der *DVD Player* zum Abspielen eines Films.

Möchten Sie die zugehörigen Programme wieder beenden, drücken Sie ⌘ – Q (oder gehen über das Menü links oben). Die CD/DVD ziehen Sie im Anschluss bitte mit der Maus auf den Papierkorb im Dock – diese wird dann ausgeworfen. Natürlich können Sie auch wie gehabt die Auswurf-Taste rechts oben auf Ihrer Tastatur drücken.

Alternativ klicken Sie einfach auf das Finder-Symbol links unten im Dock und dann auf das Auswurf-Symbol rechts neben dem Wechselmedium.

Das gleiche Prinzip gilt für alle externen Geräte – inklusive der mit Ihrem Mac und einem USB/FireWire-Kabel verbundenen Festplatten und Speichermedien (und natürlich auch für den iPod): Nach dem Gebrauch / Zugriff bitte das zugehörige Programm beenden und dann das entsprechende Symbol vom Schreibtisch auf den Papierkorb ziehen. Sofort können Sie dann die jeweiligen Medien auch abstöpseln und von dannen ziehen …

Software aktualisieren – und das sogar bedienerfreundlich

Vergessen Sie die ewigen und zeitaufwendigen Treiber-Aktualisierungen, die Ihnen den Windows-Alltag »nicht unbedingt beschwingt« gestaltet haben. Auf dem Apple-Computer findet sich hierzu ein geniales Werkzeug – die Software-Aktualisierung.

Sie finden diese im Bereich *System* (bei den *Systemeinstellungen*, die Sie ja über das -Menü erreichen). Einzige Bedingung: Sie müssen einen Internet-Anschluss besitzen – am besten per DSL. Danach können Sie Apple die Arbeit überlassen und in einem Rhythmus, der Ihnen genehm ist (also wöchentlich, monatlich o. ä.), die Software und das Betriebssystem auf den letzten Stand bringen lassen. Und das ohne genervten Blick über die Halbbrille hinweg.

Bei Bedarf – Apple schlägt Ihnen die entsprechenden Aktualisierungen vor – klicken Sie in der auftauchenden Apple-Liste die erwünschten Updates an und klicken auf *Installieren*. Alles andere übernimmt Apple dann für Sie. Besser geht es nicht.

Der Lebensretter für den Daten-GAU: Backups erstellen mit »Time Machine«

Fühlen Sie sich wohl in der Mac-Umgebung? Das ist durchaus berechtigt. Allerdings darf selbst eine erste Einführung in die Mac-Welt nicht enden, ohne Sie auf die Möglichkeit der Sicherheitskopie hinzuweisen. Denn auf die Spuren Ihres digitalen Lebensstils in Form von Bildern, Filmen und anderen Dokumenten werden Sie nicht mehr verzichten, geschweige denn diese verlieren wollen.

Was braucht es dazu? Ganz einfach: Am besten ein externes Speichermedium wie z. B. eine ordentliche Festplatte, die Sie schon für ca. EUR 130 mit 500 Gigabyte erhalten. Das ist bei dem Apple-Händler Ihres Vertrauens schon ganz gut in die Zukunft investiert …

Sobald Sie diese an Ihren Mac anschließen, möchte Ihnen Apple am liebsten wieder alle wichtigen Schritte abnehmen, indem das Programm *Time Machine* anspringt. Mit einem Klick auf *Als Backup verwenden* wird dieses Medium (hier bereits umbenannt in »Bilder-Sammlung 02«) als zukünftige Sicherungs-Festplatte eingerichtet. Und schon werden fleißig Abertausende von Daten (Programme, Foto, Filme, Systemdaten usw.) kopiert.

Zumindest beim ersten Durchlauf kann dies etwas Zeit kosten. Und von nun an erstellt der Mac in bestimmten Abständen weitere Sicherheitskopien, in denen dokumentiert wird, was Sie alles verändert haben.

Natürlich können Sie jederzeit nachvollziehen, wann und wo *Time Machine* Ihre Daten ablegt. Sie erreichen dies, genau, über das -Menü und dann *Systemeinstellungen | Time Machine*. Über einen Klick auf *Optionen* und *Volume wechseln* bestimmen Sie genau, von welchen

Quellen Backups angelegt werden und welche Volumes / Festplatten dann angeschlossen werden sollen. Auch ist der spätere Wechsel des Backup-Mediums jederzeit möglich.

Ist dann auch die externe Festplatte voll, brauchen Sie sich nicht zu sorgen– Apple schlägt Ihnen dann vor, meinetwegen bei stündlichen Backups weitere ältere Daten zu löschen. Das Wichtigste aber: Sie behalten dabei die Kontrolle!

Nun kommen wir aber zum eigentlichen Clou: Sobald Sie sich selber auch nur verdächtigen, die Bilder vom 85. Geburtstag Ihrer Erbtante (natürlich) versehentlich gelöscht zu haben, rufen Sie das entsprechende Fenster auf, aktivieren in der Dockleiste unten am Bildschirm *Time Machine* und gehen dann mit den beiden schwarzen Tasten am rechten unteren Rand in der Historie Ihres Macs vor und zurück.

Wählen Sie ein bestimmtes Datum aus und lassen Sie *Time Machine* Ihre Änderungen aufspüren. Sie können auch eine *Spotlight*-Suche durchführen, um das Gewünschte zu finden.
Wenn Sie möchten, können Sie dann die *Übersicht / QuickLook*-Funktion verwenden, um den Inhalt einer Datei anzusehen. Klicken

Sie danach auf *Wiederherstellen* und *Time Machine* holt Sie in die Gegenwart zurück. Dieser Datenretter stellt einzelne Dateien, komplette Ordner, *iPhoto*-Archive und längst verschollen geglaubte Adressbuch-Kontakte wieder her.

Sie können *Time Machine* sogar verwenden, um im Notfall Ihren Computer vollständig wiederherzustellen.

So sind die Bilder mit »Kaffee, Kuchen und Stickdeckchen auf der Sofalehne« wieder da!

Übrigens können Sie z. B. mit der rechten Maustaste auf das Symbol von *Time Machine* im Dock klicken und so jederzeit aus dem Menü *Backup jetzt erstellen* wählen – so lässt sich auch ganz nach Zeitwunsch Ihr Rechner sinnvoll beschäftigen.

Über den Horizont geschaut: »Spaces«

Spaces ist eine Funktion, die zumindest anfangs für »Umsteiger« wohl zu weit führt. Da Sie dieses in dieser Fibel aber vielleicht suchen werden, soll sie kurz aufgeführt werden:

Spaces aktivieren Sie über einen Klick im Dock und können sich so unterschiedliche Arbeitsbereiche wie etwa *Job, Familie, Verein* etc. einrichten. Sobald eines hiervon ausgewählt ist, verschwinden die anderen Bereiche, was zu mehr **Übersicht während der Arbeit** am Mac sorgen soll.

Diesen Trend des bewussten Wegblendens von Anwendungen und Inhalten hat Apple bereits mit den Funktionen von Exposé (zu erreichen über das -Menü | *Systemeinstellungen* | *Dashboard & Exposé*) umgesetzt, die im Kapitel »Schlummernde Talente« weiter hinten noch einmal im Detail erklärt werden.

Windows auf dem Mac – mit »Boot Camp« von Apple

Durchdachtes Design von Apple, gewohnte Umgebung von Windows

Nach monatelangem, äußerst stabilem Testlauf gehört er nun fest zur Leopard-Mannschaft – die Rede ist vom *Boot Camp-Assistenten*, der die Bewährungsprobe bei Apple bestanden hat und daher nun für alle glücklichen Nutzer eines neueren Mac-Rechners zur Verfügung steht.

Dieses kleine Programm ermöglicht Ihnen die Installation von *Microsoft XP* oder *Microsoft Vista* auf Ihrem Mac. Und ob Sie dies nun für einen Frevel halten oder nicht – beeindrucken kann man damit allemal und wir sind ja schließlich weltoffene Gesellen, die sich auch gerne mal von Neuartigkeiten faszinieren lassen.

Windows-Umsteiger, die neben dem Design eines Apple-Rechners nichtsdestotrotz an ihrer alten Umgebung festhalten möchten, sind damit gern zum Schnuppern eingeladen. Und aus Erfahrung wissen wir es schon jetzt: Sie werden es nicht bereuen! :-)

Als »alter Hase« in Sachen Windows & Co. oder auch nur als neugieriger Mac-Nutzer stellt sich nach der Einrichtung des Apple-Rechners die Frage, wie nun Windows auf den Rechner gelangen soll. Im Grunde ein »Klacks«, in der Praxis jedoch manchmal auch mit ein paar Hürden behaftet – besonders dann, wenn man sich das erste Mal an derlei Dinge wagt. Die wichtigste Regel sollte daher lauten: Halten Sie sich an die von Apple und den Drittherstellern vorgegebenen Systemvoraussetzungen, ist schon einmal die halbe Miete gewonnen. Die andere Hälfte erledigen Sie mit Hilfe der nachfolgenden Seiten – und beide Welten scheinen wie von Geisterhand in nie gekannter Harmonie geeint.

Weiter hinten in dieser Fibel stellen wir Ihnen noch dazu Altenativen zu *Boot Camp* wie etwa *Parallels Desktop* oder *VMware Fusion* vor. Hier nun aber zuerst einmal den *Boot Camp-Assistenten* zu bemühen, ist keinesfalls ein Fehler. Über die Unterschiede erfahren Sie dann später mehr.

Für einen guten Start – die Vorbereitungen

Der Rechner muss auf Vordermann gebracht werden. Dazu gehören die aktuelle *Mac OS X*-Version (10.5 oder neuer) sowie alle Firmware-Aktualisierungen. Am besten funktioniert dies über die *Systemeinstellungen | Software-Aktualisierung*, zu der Sie jedoch über einen Online-Zugang (Breitband-Geschwindigkeit per DSL ist empfehlenswert) verfügen sollten.

> Surfen Sie üblicherweise per Modem oder ISDN im Internet, so bitten Sie doch Freunde oder Verwandte mit einem Mac-Rechner, Ihnen die oft Dutzende von Megabyte schweren Update-Dateien herunterzuladen. Alternativ funktioniert dies auch über die Webseite `www.apple.com/de/downloads`

Auf den Support-Seiten von Apple finden Sie alle Updates:

Über die »computer-eigene« *Software-Aktualisierung* und dann über *Jetzt suchen* werden alle ausstehenden Updates zusammengetragen; anschließend werden sie über den Button *Objekte installieren* vollautomatisch geladen und eingebaut.

Dies ist Komfort à la Apple – der Rechner übernimmt die Suche und Installation:

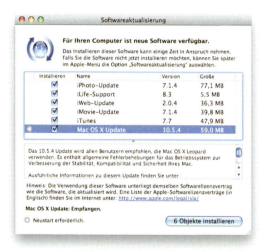

Bei etwaigen Firmware-Updates orientieren Sie sich bitte unbedingt an den eingeblendeten Verhaltensregeln. Da der normalsterbliche Anwender manchmal vor lauter Aufregung die ein oder andere Anweisung vergisst, empfehlen wir diese auszudrucken, damit Sie die einzelnen Schritte genau verfolgen können.

Firmware-Update für den iMac – in vier Schritten zum Erfolg (zum Ausdruck empfohlen).

Zusammengefasst hier noch einmal die Voraussetzungen für einen gelungenen *Boot Camp*-Einstieg. Sie brauchen: 100 gr. Butter, drei Eier – falsch, das war Omas Backrezept. Sie benötigen stattdessen:

- Einen Macintosh-Computer mit Intel-Prozessor, eine USB-Tastatur und Maus bzw. Tastatur und Trackpad eines Mac Book (Pro);

- Mac OS X Version 10.5 oder neuer sowie alle Firmware-Aktualisierungen;

- Mindestens 10 GB freien Festplattenspeicher auf dem Volume, auf dem die Software installiert werden soll.

- Die *Mac OS X Leopard Installations*-DVD sowie *Windows XP Home Edition* oder *Professional* mit *Service Pack 2 (SP 2)* bzw. *Microsoft Vista Home Basic, Home Premium, Business* oder *Ultimate*.

So, nun sind die Vorarbeiten erledigt …

Der »Assistent«, Ihr freundlicher Begleiter

… und wir können uns dem Assistenten anvertrauen:

> Sollten Sie zu den innovations-freudigen und mutigen Anwendern gehören, die bereits mit der **Test-Version von *Boot Camp*** gearbeitet haben, so brauchen Sie die folgenden Abschnitte zum Partitionieren bzw. Formatieren nicht zu beachten.
>
> Im Gegenteil: Sie brauchen eigentlich nur unter Windows zu starten und dann die *Mac OS X Leopard-Installations*-DVD einzulegen. Über das automatisch startende Installationsprogramm werden nun alle neuen wie wichtigen Treiber installiert.

Bevor Sie nun voller Elan ans Werk gehen, gehören leider noch einige weitere kurze Grundvoraussetzungen in Ihr Brevier.

Zum einen möchte der *Assistent* von *Boot Camp* auf Ihrem Rechner eine eigene Partition extra für *Windows* anlegen. Ihre Festplatte darf daher nicht bereits partitioniert (also in mehrere Teilstücke separiert) sein. Haben Sie (oder wer war's?) dies bereits getan, so sollte Ihr erster Schritt nicht zu *Boot Camp*, sondern über das *Festplatten-Dienstprogramm* laufen (ebenfalls zu finden im Ordner *Dienstprogramme*, der wiederum im Ordner *Programme* liegt).

Aber nur für diesen Sonderfall müssen Sie jetzt tapfer sein.

Das *Festplatten-Dienstprogramm* unter *Mac OS X Leopard* hat eine Menge dazugelernt und kann nun auch nachträglich die Festplatte neu einrichten, ohne dass das Startvolume als solches in Mitleidenschaft gezogen wird. Werden jedoch aus zwei oder mehreren Partitionen wieder ein einziges Volume-Schema, so werden dennoch die Daten auf diesen weiteren Partitionen gelöscht. Mit anderen Worten: **Bringen Sie auf jeden Fall jene Daten, die sich außerhalb des Startvolumes auf den weiteren Partitionen befinden, in Sicherheit, da diese nach der Umstellung nicht mehr existent sind.**

Ganz wichtig: Ziehen Sie bitte die Daten von der zweiten oder den weiteren Partitionen auf eine externe Festplatte oder auf das erste Volume-Schema (Startvolume) bzw. brennen Sie sich Sicherheits-DVDs.

Rufen Sie dann das *Festplatten-Dienstprogramm* auf und klicken Sie dort auf den Reiter *Partitionieren*. Markieren Sie Ihre interne Festplatte, so dass unterhalb von *Schema* die Aufteilung angezeigt wird.

Das Festplatten-Dienstprogramm zeigt über den Reiter »Partitionieren« die aktuelle Aufteilung der Festplatte an.

Markieren Sie danach beispielsweise die zweite Partition per Mausklick und betätigen Sie dann den unten liegenden *Minus*-Button (-). Daraufhin fährt ein Dialog aus, der Ihr Tun noch einmal genau auflistet: »Beim Entfernen dieses Volumes werden die Daten auf dem Volume endgültig gelöscht.« (Bitte jetzt den Schweiß von der Stirn tupfen …)

Das zu entfernende Volume wird gelöscht, während das Startvolume auf der ersten Partition unberührt bleibt.

Klicken Sie nun auf *Entfernen*, so wird die Partitionstabelle neu angelegt und das Volume verschwindet. Um die ursprüngliche Größe wiederherzustellen, müssen Sie nun noch das bestehende Volume bearbeiten, indem Sie es am geriffelten Anfasser mit der Maus packen und ganz nach unten ziehen. Ein weiterer Klick auf den Knopf *Anwenden* stellt den Ursprungszustand wieder her.

Das Volume wird neu aufgezogen und an die volle Größe angepasst.

Über den Knopf »Anwenden« werden weiterhin keine Daten gelöscht, sondern nur die Einzelpartition an die volle Größe angepasst.

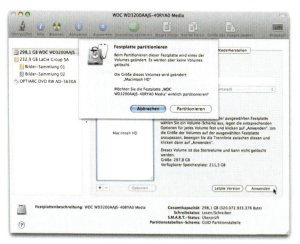

Voilà – Sie haben wieder Ihre Einzelpartition und können nun endlich mit *Boot Camp* loslegen.

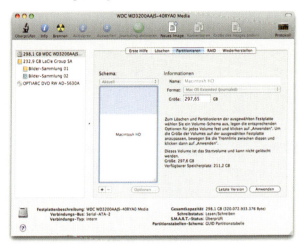

Bei mehreren internen »Volumes« (gemeint sind hier Festplatten – keine Partitionen) sollten Sie eines davon so aufbereiten, dass es problemlos bespielt werden kann. Die Formatierung der Festplatte muss dabei das Format *Mac OS X Extended (Journaled)* aufweisen. Mit anderen Worten bedeutet das auch in diesem Fall: Bringen Sie Ihre Daten in Sicherheit, denn ist etwas falsch formatiert, so müssen Sie in der Tat alles neu einrichten.

Bevor Sie nun den *Boot Camp-Assistenten* starten, ziehen Sie bitte alle externen Geräte wie Festplatten oder sonstige Speichermedien (wie zum Beispiel einen iPod) ab. Da Windows bekanntlich Laufwerksbuchstaben verteilt (Windows installiert sich standardmäßig auf dem Volume mit dem Buchstaben *C*), soll auf diese Weise ausgeschlossen werden, dass der Laufwerksbuchstabe *C* einem falschen Volume zugeordnet wird.

Beim ersten Start von *Boot Camp* erhalten Sie eine kleine Einführung und die Möglichkeit, das zugehörige Installations- & Konfigurationshandbuch auszudrucken. Dieses enthält eine Vielzahl an wichtigen Informationen und ist auf jeden Fall einen Blick wert.

Die Einführung beginnt mit dem Herzenswunsch seitens Apple, das Installations- & Konfigurationshandbuch auszudrucken:

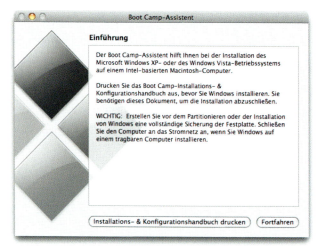

Über *Fortfahren* gelangen Sie zur Einrichtung der Partition für Windows. Hier ist es nicht unerheblich, welche Größe Sie dort auswählen. Apple empfiehlt mindestens 10 Gigabyte; besser sind jedoch höhere Werte, denn schließlich möchten Sie auch noch Programme, Daten und eventuell Spiele dort unterbringen. Wenn Sie mehrere Festplatten in Ihrem Rechner eingebaut haben, so lässt sich dort ebenso eine zweite Partition bzw. eine ganze Festplatte (außer das Startlaufwerk) als einzelne Partition für Windows einrichten.

So partitionieren Sie mit Hilfe des »Boot Camp-Assistenten« – entweder per Knopfdruck oder durch das Verschieben der Partitionsblöcke mit der Maus:

Wenn Sie später Windows installieren, muss die vom Apple-System eingerichtete Partition noch formatiert werden. Windows unterscheidet hier zwischen den beiden Dateisystemen *FAT* sowie *NTFS*. Die erste Abkürzung steht für *File Allocation Table* und Sie können dieses System nur verwenden, wenn die Größe der Partition 32 Gigabyte nicht übersteigt. *FAT* ist zwar die ältere Variante, hat aber den entscheidenden Vorteil, dass das Betriebssystem *Mac OS X* darauf zugreifen kann. Also selbst dann, wenn Sie unter *Mac OS X* starten, können Sie die Partition einsehen und Daten etwa in Ihren Benutzer-Ordner oder auf den Windows-Schreibtisch legen.

Das *New Technology File System* (*NTFS*) ist das aktuellere Dateisystem und gilt gemeinhin als stabiler, zuverlässiger und auch ein wenig schneller. Die Partitionsgröße ist hier frei wählbar, allerdings können Sie dies unter *Mac OS X* nicht mit Daten beschreiben (deren Inhalte sind jedoch einsehbar).

Sie können entweder den Mauspfeil zwischen die Partitionsblöcke setzen und mit gedrückter Maustaste ziehen, oder Sie klicken auf eine der beiden vorgegebenen Tasten (*Gleichmäßig verteilen* oder *32 GB verwenden*).

Bei mehreren Festplatten wählen Sie eine der angebotenen Optionen (*Zweite Partition für Windows XP erstellen* bzw. *Festplatte löschen und Windows XP Einzelpartition erstellen*) und klicken dann auf *Fortfahren*, um die Größe einzurichten.

> Wir wollen ja nicht aufdringlich wirken, doch egal, was Sie nun vorhaben: Wir möchten noch einmal ausdrücklich daran erinnern, dass Sie zuvor ein Backup Ihrer bisherigen Daten anfertigen sollten.

Danach heißt es dann den *Partitionieren*-Button zu betätigen und *Mac OS X* bereitet Ihre Festplatte auf. Zu guter Letzt erfolgt die Installation von Windows. Hierzu legen Sie bitte Ihre Software mit *Windows XP Home Edition* oder *Professional* mit *Service Pack 2* bzw. *Microsoft Vista Home Basic*, *Home Premium*, *Business* oder *Ultimate* ein (aber bitte nicht alle auf einmal ;-)) und klicken dann auf *Installieren*. Der Rechner startet neu und liest die Daten ein.

Dies ist der krönende Abschluss, ehe Sie vom Mac- in den Windows-Bereich wechseln.

Die Ecke für Windows auf Ihrem Mac: Auf die Partition – und fertig!

Die Farbe »Blau« hat es Windows wohl angetan – alle nachfolgenden Software-Abläufe spielen sich in diesem Farbton ab (zumindest unter Windows XP). Für den Mac-Anwender etwas gewöhnungsbedürftig, findet sich der Win-User jedoch mit Sicherheit sofort in seinem Terrain zurecht.

Zuerst werden die auf der Installations-DVD befindlichen Dateien geordnet und geladen, ehe Windows startet und Sie zur Mitarbeit auffordert. Das System heißt Sie herzlich Willkommen, und mit der *Eingabe*-Taste (*Enter*-Taste ↵) schreiten Sie zum nächsten Bildschirm. Dort müssen Sie die *Lizenzbedingungen* akzeptieren, indem Sie die Sondertaste *F8* drücken.

Das gewöhnliche Geplänkel der Software-Firmen kennen wir zur Genüge: Zuerst freundlich (»Herzlich Willkommen«), danach knallhart (und »wehe, wenn Sie sich nicht an alles halten …«).

Und dann heißt es wieder Obacht geben, denn nun müssen Sie die korrekte Partition für die Windows-Installation bestimmen. Mit den Pfeil-Tasten (rauf ↑ und runter ↓) bewegen Sie den weißen Balken bis zum Laufwerksbuchstaben *C*. Der Eintrag muss *C: Partition3 <BOOTCAMP> [FAT32]* heißen, die angegebene Größe in Megabyte sollte dabei dem zuvor im *Boot Camp Assistenten* vergebenen Wert entsprechen – in unserem Fall 32 Gigabyte (32196 MB).

Nach der Auswahl bestätigen Sie wieder mit der *Eingabe*-Taste (↵) und legen im folgenden Fenster das Dateisystem (*FAT* oder *NTFS* – siehe weiter oben) fest. Die Platte wird nach einem weiteren Druck auf die *Eingabe*-Taste in diesem Format formatiert.

Ihr Wunsch sei Windows Befehl: *FAT* oder *NTFS* als Dateisystem:

Der Datenträger wird formatiert, was ein Weilchen dauern kann …

Gleich im Anschluss werden nun die Daten von der Installations-CD/DVD kopiert und Windows bereitet sich schon einmal auf seinen ersten Auftritt vor – mit einem Neustart des Computers.

Für bisherige Windows-Anwender ein Augenblick der Erleichterung, für Mac-User ein Moment der Stille (Überraschung, Trauer, Ohnmacht oder so ähnlich).

Bleiben Sie am besten gleich vor dem Bildschirm sitzen, denn Ihre Arbeit ist noch nicht erledigt. *Windows* ist ebenso wie *Mac OS X* neugierig und Sie müssen noch die ein oder anderen Eingaben tätigen. Darunter fallen etwa die Regions- und Sprachoptionen (Sprache, Währungen etc.), die Benutzerinformationen (Name, Firma) sowie – ganz wichtig – der 25-stellige *Product Key*.

Da wir es uns mit Microsoft nicht verscherzen wollen, haben wir in der Beispielabbildung vorsichtshalber einmal die Felder leer gelassen.

Es folgen die Vergabe von Computername und Administrator-Kennwort, die Einstellung des korrekten Datums und der Uhrzeit sowie die Netzwerk-Einstellungen. Danach wünscht Ihnen auch Windows viel Spaß mit *Windows XP* und alle sind erleichtert, dass die ganze Geschichte doch nicht ganz so schlimm war.

Eines dürfen Sie jedoch nicht vergessen: die Macintosh-Treiber. Hierzu legen Sie unter gestartetem Windows Ihre *Mac OS X Leopard Installations-DVD* ein und per Auto-Start öffnet sich das *Boot Camp-Installationsprogramm*, das Sie nun Schritt für Schritt Ihrem Ziel eines funktionierenden Windows XP näher bringt. Mit Klick auf *Weiter* werden nun die Hardware-Treiber (Grafik, Bluetooth, Netzwerk, iSight-Kamera und, und, und) installiert, so dass Windows später auch alle Komponenten des Mac-Rechners erkennt und richtig interpretiert.

Das übliche Vorgehen: Lizenzvereinbarungen akzeptieren, Funktionen auswählen, Installation, Fertigstellen und – »trara« – Neustart.

Ein letzter Neustart und Windows läuft perfekt auf dem Mac – inklusive der richtigen Bildschirm-Auflösung und allem Drum und Dran. Als Begrüßung wird gleich zu Anfang die *Boot Camp*-Hilfe eingeblendet, damit Sie sich mit weiteren Informationen versorgen können. Toll, wie wir das wieder hinbekommen haben.

Unter Windows finden Sie in der *Systemsteuerung* (über das *Start*-Menü) die Option *Boot Camp* (in der *Kategorieansicht* gelangen Sie über *Leistung und Wartung* dorthin). Klicken Sie *Boot Camp* doppelt an, so lassen sich über das *Boot Camp Control Panel* Einstellungen zu Helligkeit, der Fernbedienung, der Tastatur oder über die Stromversorgung erledigen. Wichtiger ist jedoch der Reiter *Startvolume*, über den Sie festlegen, über welches System (Mac OS X oder Windows) der Rechner standardmäßig starten soll.

Also, »Mac oder Win« – wir hoffen natürlich Ersteres …

Wenn Sie sich noch nicht so richtig entscheiden können oder Sie einfach flexibel sein möchten, so können Sie sich ruhig für ein System festlegen. Wenn Sie nach dem Neustart des Mac ganz flink die Optionstaste (⌥) gedrückt halten, so können Sie sich bereits vor dem Booten entscheiden, was Sie denn heute tun möchten.

Sie sehen: Apple stellt Ihnen mit *Leopard* und *Boot Camp* eine stabile »Windows PC-Alternative« zur Verfügung. Viel Vergnügen!

**iPod und iTunes, der Kult-Player iPhone –
alles dazu in unserer Edition Digital Lifestyle**

Mobiles Multimedia mit integriertem Spaßfaktor

Die iPhone-Fibel
ca. 144 Seiten | EUR 12,90 (D)
ISBN 978-3-939685-05-5

- Das iPhone mit 3G-Highspeed
- Video, Musik, Telefon & Internet
- hilfreiche Erweiterungen – über die Apple-Anwendungen hinaus

Musik, Hörbuch, Spiele und Podcast

iTunes 7 und iPod
240 S. | komplett vierfarbig
EUR 24,80 (D)
ISBN 978-3-939685-02-9

- FAZ: auch für Windows-Nutzer hilfreich!
- kompetent und unterhaltsam
- mit PDF-Anleitung zum Transfer Ihrer Daten

**Weitere Information (und unseren Newsletter)
erhalten Sie über www.mandl-schwarz.de**

Windows virtuell: »Parallels« und »Fusion« als attraktive Alternativen

»Parallels Desktop« – wieselflink Wechseln für zwischendurch

Im vorigen Kapitel haben wir erfahren, wie sich mittels *Boot Camp Windows XP* installieren lässt. Der Vorteil von *Boot Camp* ist sicherlich, dass diese aus dem Hause Apple stammt und sie von Ihrem Rechner voll unterstützt wird. In technischen Worten: Die Software greift direkt auf die CPU – also die zentrale Rechner- und Steuereinheit Ihres Apple-Computers – zu. Das macht die Benutzung recht schnell.

Der Knackpunkt: Sie müssen sich beim Starten Ihres Macs entscheiden, ob Sie entweder die Mac-Welt oder Windows wünschen. Bei jedem Wechsel müssen Sie – zumindest bei *Boot Camp* – den Rechner neu starten.

Es gibt dazu aber noch einige Alternativen, deren Vorteil es ist, dass Sie bereits im laufenden Betrieb Ihres Macs zwischen Windows und Apple wechseln; selbstredend alles auf Ihrem Mac.

|| Parallels™ Daher stellen wir Ihnen die Software *Parallels Desktop* (kurz auch: *Parallels*) vor.

Auch hier ist ein (aktueller) *Intel*-Mac vonnöten. Auf den älteren Macs vom Typ *PowerPC* lässt sich dies nicht installieren. Hier bietet sich zwar noch – als Notlösung – die so genannte »Emulation« von Windows *(Virtual PC)* auf dem Mac an. Dabei wird auf dem Mac die Windows-Funktion nachgeahmt; jedoch geht dies alles sehr langsam und ist daher weniger praktikabel. Gehen wir daher aus von einem »frisch ausgepackten« Mac mit angeschlossenem Internet-Zugang. Auf geht's!

Parallels Desktop ist eine komfortable Lösung, um »mal eben Windows XP nebenher« zu starten. Für den **nur gelegentlichen Zugriff auf einzelne Windows-Programme** brauchen Sie damit die Mac-Welt nicht wechseln, sondern lassen – wie schon der Produktname suggeriert – Mac und Windows parallel nebenher laufen.

Im Gegensatz zu *Boot Camp* ist hier die »Performance«, also die Leistungsstärke von Windows auf dem Mac, nicht ganz so flüssig. Bei einfacheren Programmen und Tätigkeiten mag dies ausreichen. Auch Spiele lassen sich so in *Parallels Desktop* installieren. Bei 3D-Programmen oder grafiklastigen Games sind jedoch die Grenzen der Rechenleistung erreicht – wenn nicht sogar überschritten. Dann empfiehlt sich *Boot Camp*.

Installation mit wenigen Klicks

Die aktuelle Version *Parallels Desktop 3.0 for Mac* bekommen Sie auf jeden Fall als englischsprachige Version über das Internet unter `www.parallels.com/en/products/desktop/` Es gibt auch deutschsprachige Alternativen; allerdings sind diese meist nicht so aktuell wie das englische »Original«.Und da die englische Version leicht zu handhaben ist, legen wir Ihnen diese durchaus ans Herz.

Der Vorteil: Sie können die Software durchaus erst einmal testen, indem Sie auf *Download Trial* (Testversion) klicken. Eine Mail-Adresse müssen Sie dafür aber in jedem Fall zum Download angeben.

Nach dem Herunterladen (ganz einfach über Ihren Internet-Browser *Safari)* und Ihrer Bestätigung öffnet sich nach dem Doppelklick auf die *.dmg*-Datei ein Fenster, das es Ihnen erlaubt, die Version sowohl auszupacken (illustriert durch den geöffneten Karton), aber auch wieder (über den Papierkorb) zu entsorgen.

Die Installation ist teilweise auf Englisch – z. B. mit Lizenz-Klick auf *Agree* – zu führen.

Dennoch kommen Sie, sofern Sie auch Ihren Mac als Installations-Ort wählen, hier ohne Probleme hindurch. Zwischenzeitlich werden Sie zudem aufgefordert, Ihr Kennwort einzugeben.

Danach ist das Programm installiert – herzlichen Glückwunsch! Wir empfehlen Ihnen, – vergleichbar mit der Schnellstart-Verknüpfung auf

Windows –, nun wie folgt das Programm-Symbol ins Dock zu ziehen:

❖ Öffnen Sie ein Finder-Fenster mit einem Klick auf den lächelnden Mac links unten.

❖ Gehen Sie dann mit der Maus links auf die Rubrik *Programme* und suchen Sie rechts in der Auflistung den Ordner *Parallels*.

❖ Öffnen Sie diesen und ziehen Sie dann – Achtung, dies sollte in einem Schwung geschehen – mit gedrückter Maus-Taste den Programmnamen *Parallels Desktop* unten in die Dockleiste hinein.

So können Sie es ab sofort mit nur einem Klick auf das Symbol unten am Bildschirmrand starten.

Nun heißt es, das Programm noch »aufzusperren« bzw. zu aktivieren. Hierzu fordern Sie entweder per E-Mail beim Hersteller einen Testschlüssel an oder entscheiden sich sofort zum Kauf und geben daher gleich den Registrationscode ein.

Nun ist *Parallels* bereit und möchte mit Ihnen zusammen die Windows-Version aufspielen. Hierfür bieten sich drei Optionen an, wir folgen nun der Variante »Windows Express« mit *Windows XP*.

Wären wir auf Abenteuer aus, könnten wir gar *Windows Vista (Home)* installieren. Allerdings raten wir noch zu *Windows XP* – schließlich wird *Vista* von Fachleuten nicht gerade »bejubelt«. Auch konnten wir bei dieser Installations-Methode *(XP)* die besten Ergebnisse erzielen.

Nach Eingabe des Lizenzschlüssels wählen wir die empfohlene Variante *Enable File Sharing* – mit der wir Daten zwischen Windows und Mac geschwind transferieren können.

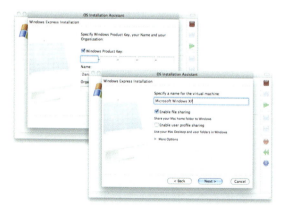

Parallels bietet Ihnen an, direkt auch auf die Windows-Installation von *Boot Camp* aufzusetzen. Dies birgt (zumindest für Neu-Einsteiger) das Risiko, dass Sie unbedacht die jeweils andere Windows-Version verändern. Falls Sie dies dennoch wünschen, klicken Sie im Dialogfeld *Select operating system installation mode* bzw. *Modus für Installation des Betriebssystems* auf *Eigene* und beim vierten Klick dann **Boot Camp verwenden.**

Folgen wir nun wieder der obigen »Express Installation«: Nach Eingabe Ihres Lizenz-Schlüssels startet Microsoft sogleich und lässt ganz in Blau längst vergangene Tage aus *DOS & Co.* erahnen …

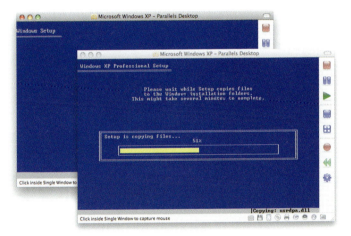

Dann kommt der »magische Moment«: Mit laufendem *Mac OS X* erscheint *Windows XP* auf Ihrem Schreibtisch. Hut ab!

Tastatur und Maus sollten – sobald *Windows XP* vollständig gestartet ist – auch dort betriebsbereit sein. Zudem empfiehlt *Parallels*, bei eventuellen Problemen *Windows* nicht nur ordnungsgemäß zu beenden (und dann wieder zu starten), sondern auch *Parallels* zu schließen und dann wieder neu »anzuwerfen«. Danach sollte es klappen.

Noch zwei Tipps zwischendurch: Falls mal Probleme bei der »*Boot Camp*-Variante« auftauchen, raten wir dazu, …

- den Mac neu zu starten und – wenn auch das nicht helfen mag –

- dann testweise nach einem erneuten Mac-Neustart mit Klick auf die ⌥-Taste einmal *Boot Camp* (sofern vorhanden) zu starten. Danach sollte auch *Parallels* wieder laufen. Sie sehen, auch deshalb leiten wir Sie hier entlang der getesteten Empfehlung mit der direkten »Windows Express-Variation«.

Windows komplett und sturmfest – gerade auf dem Weg ins Internet

Parallels bietet neben dem »normalen« *Desktop*-Produkt auch eine Premium-Ausgabe an, die u. a. ein Anti-Viren-Paket von *Kaspersky* enthält. Aber auch zum Nicht-Premium-Produkt empfiehlt sich ein Virenschutz für die Windows-Welt.

Dies können Sie gleich über das Menü *Actions* und dann auf *Install Kaspersky Internet Security* angehen; das Programm schaltet sich dann aber einmal aus und wieder an (also bitte nicht wundern; es tut Ihrem

Rechner nur gut). Die Aufforderung zum Durchscannen auf allfällige Viren übermittelt Ihnen *Kaspersky Internet Security* dann im weiteren Verlauf.

> Aktuelle Infos zu brauchbarer (teils auch kostenloser) Anti-Viren-Software insbesondere für Windows finden Sie auf dieser Website: `www.heise.de/security/dienste/antivirus/`

Sind Sie dann bereits über den Mac online? Prima, dann können wir gleich einige Software-Anwendungen herunterladen, die sich ggf. auch auf dieser Windows-Variante einsetzen lassen.

Dazu gehört mit Sicherheit der Firefox-Browser, der den Internet Explorer am besten »vergessen machen soll«. Diesen erhalten Sie, indem Sie auf `www.mozilla-europe.org/de/` klicken.

Zu den weiteren Standard-Programmen gehört der *Adobe Reader*, den Sie am besten über `www.adobe.de` (oder gleich den ganzen Link `www.adobe.com/de/products/acrobat/readstep2.html`) erhalten.

Ein Seitenblick sei erlaubt: Wenngleich – zumindest in der Windows-Welt – der *Adobe Reader* ein unbedingtes Muss ist, gibt es hier auf dem Mac das Alternativ-Programm *Vorschau*.

Parallels Desktop bietet auch über die Funktion *Smart Select* den Service an, z. B. ein Windows-PDF mit dem Apple-Programm *Vorschau* zu öffnen. Für den Einstieg in *Parallels Desktop* ist dies »Win/ Mac-Hin und Her« doch recht herausfordernd, zumindest soll diese Option aber erwähnt worden sein.

Notabene: Auf dem Mac ist die *QuickTime*-Version zwar schon vorhanden; für die Windows-Seite (und zur besseren Abstimmung) »dürfen« Sie sich diese direkt im Internet abholen …

> Sollte es bei der Installation auf *Parallels Desktop* mal etwas »haken«, haben Sie immer auch im Hinterkopf die Website vom Anbieter hin auf die aktuelle Version zu checken. Auch erweist es sich als hilfreich, bei »ungewöhnlichen Vorkommnissen« im Zuge der Programm-Einrichtung sämtliche externe Hardware abzustöpseln, um sie nach der Installation wieder anzuschließen.

Geniale Ansichten und Optimierungen

Parallels bietet Ihnen verschiedene Möglichkeiten an, sich auf dem Mac einzurichten.

> Gleich beim Start des Programms klicken Sie bitte ggf. auf den grünen Pfeil zum Loslegen – spätestens danach stehen Ihnen diese Optionen zur Verfügung:

Im *Full Screen Mode (Vollbild)* nutzt *Parallels* Ihren gesamten Bildschirm – fast so, als ob Sie *Boot Camp* laufen haben. Diesen Modus, der Ihren ganzen Mac-Bildschirm einnimmt (und bei Windows-Besuchern immer für Überraschungen gut ist), verlassen Sie durch die Tastenkombination ⌥ – ↵. Auf diesen »Ausweg« werden Sie auch hingewiesen, bevor Sie in den *Full Screen*-Modus wechseln – vielleicht auch, um Sie nicht in Verzweiflung zu bringen, nicht wieder zu Apple zurückkehren zu können …

Doch nun kommen wir zum eigentlich Genialen von *Parallels*: Entscheiden Sie sich für die zweite Option *Coherence,* haben Sie **Windows und Mac zugleich auf dem Rechner.** Für Apple-User ist die Anmutung etwas absurd, das grüne *Start*-Menü von Windows oberhalb des Mac-Docks zu sehen. Aber probieren Sie es selbst: So wechseln Sie in Windeseile zwischen den Welten.

Ansicht »Single Window« – die Windows-Welt in einem Fenster

Was *Coherence* so attraktiv macht, ist die Möglichkeit, nun auf dem Mac auch reine Windows-Programme wie *Microsoft Access* oder *Visio* laufen zu lassen und so – z. B. über das *Start*-Menü | *Alle Programme* Ihr Windows-Wunschprogramm auszuwählen.

Sie können über die Tastenkombination ⌘ – ↹ wieder zur Mac-Oberfläche wechseln. Gehen Sie dann mit ⌘ – ↹ zurück zu *Parallels*, können Sie dort im Menü *View* zwischen *Coherence, Full Screen* oder *Single Window* wechseln. Kommen Sie beim Wechsel mit der Tastenkombination ⌥ – ↹ bei der Ansicht durcheinander? Ein Tipp: Orientieren Sie sich immer über das Menü – also, ob dort links oben *Parallels Desktop* steht.

 Details zur Ansicht lassen sich im Menüpunkt *Applications* bestimmen: Hierüber können Sie dann auch den grünen Start-Knopf und die Taskleiste von Windows noch oberhalb des Mac-Docks anzeigen oder »verschwinden« lassen *(Show / Hide Windows Taskbar)*.

Als dritte Option stellt *Single Window* die Windows-Anwendungen in einem separaten Fenster dar. Auch das ist nicht unpraktisch, wenn Sie Mac und Windows visuell klar voneinander trennen wollen.

Auch können Sie jederzeit auf die Einstellungen zugreifen und z. B. den Speicherbedarf / Memory leicht anheben. Da die Leistungsfähigkeit immer unterschiedlich empfunden wird, sollten Sie den Speicherbedarf nur behutsam in den Einstellungen anheben und dann austesten.

Über *USB 2.0* lassen sich weitere Geräte anschließen und auch über *Parallels* betreiben. Bei Fragen hierzu klicken Sie bitte (nach einem eventuellen Wechsel zwischen Mac und Parallels per ⌘ – ➜) auf den Parallels-Menüpunkt *Edit | Virtual Machine* oder per Doppelklick auf das Windows-Logo im Startbildschirm von *Parallels*. Dort lassen sich alle Optionen hinzuschalten. Entscheidend hierfür ist die Installation der aktuellen *Parallels*-Version, so dass auch die entsprechenden Treiber zwischen Mac und Windows aufeinander abgestimmt sind.

Bis auf die *iSight*-Kamera (auch in den früheren Programmversionen) kamen wir damit prima zurecht; aber auch für diesen Punkt verspricht der Hersteller Abhilfe – was bei dem hohen Innovations-Tempo durchaus anzunehmen ist.

Daten austauschen – ohne Barrieren

Was sonst noch mit »Freigaben« und »Gemeinsamen Ordnern« zu regeln war, um Daten von Windows mit dem Mac auszutauschen, erscheint auf *Parallels* auf einmal unglaublich leicht – und zwar mittels einfachem Herüberziehen der Daten.

> Gerade für einheitliche Daten wie die *Microsoft Office*-Programme *Word*, *PowerPoint* und *Excel* ist die »zweiseitige« Nutzung daher naheliegend, da die Formate *(.doc, .ppt* und *.xls)* in beiden Welten anwendbar sind. Achten Sie bitte darauf, dass Ihr Mac-Dokument immer eine der erwähnten **Datei-Endungen** (auch »Suffix« genannt) trägt (Beispiel *.doc, .ppt* oder *.xls)*.

Das Gleiche gilt für die Nutzung aller anderen etablierten Formate, wie sie auch im Nachfolgekapitel beschrieben werden. So macht der Switch wirklich Spaß! Aufpassen sollten Sie, dass Sie Ihre Dateien am besten immer nach dem aktuellen Stand benennen, um nicht neuere Versionen z. B. Ihrer Tabellenkalkulation oder eines Liebesbriefes mit einer älteren Datei zu verwechseln oder gar zu überschreiben.

Interessant ist auch dieses Feature: So können Sie bei einer auf dem Mac liegenden Datei mittels Tastenkombination ⌘ – I bestimmen, dass diese unter der Rubrik *Öffnen mit:* von einem Windows-Programm gestartet wird – eben, obwohl diese auf dem Mac liegt!

Aufmerken sollten Sie bei der folgenden Meldung: Hiermit erlauben Sie Windows, entweder direkt auf eine Datei von Mac OS X zuzugreifen oder lediglich beim Herüberziehen mit einer Kopie der Datei zu arbeiten.

Dies hat dann auf die Sicherheit Auswirkungen, die Sie über den *Configuration Editor* im zweiten Punkt *Security* regulieren (siehe nachfolgende Abbildung).

Sollten Sie allein an Ihrem Mac sitzen, können Sie Ihrem Rechner erlauben, Ihre Bilder, Videos und alle Daten auf dem Schreibtisch / Desktop sowohl in Windows als auch dem Mac anzuzeigen. Dazu müssen Sie die in der nachfolgenden Abbildung dargestellten Optionen anklicken.

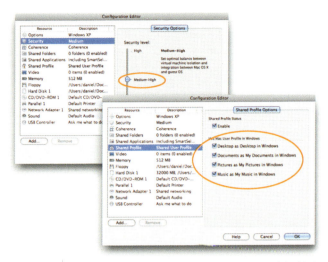

Der Logik nach ist dies wohl eher etwas für den ausschließlich auf Windows ausgerichteten *Full Screen*-Modus in *Parallels*, so dass Sie dort auch auf die Mac-Ebene zugreifen, ohne diese direkt zu sehen.

Interessant ist auch die *Snapshot*-Funktion, mit der Sie den momentanen Stand Ihres Systems mittels des roten Kreises festhalten können. So lassen sich unbedenklich weitere Software und Erweiterungen ausprobieren, denn Sie können im Fall eines Falles einfach per grünem Rückwärts-Pfeil wieder zum eingefrorenen Zeitpunkt zurückkehren. Damit ersparen Sie sich auch die erneute Windows- und weitere Programm-Aktivierung, die Sie bis zu diesem Zeitpunkt bereits getätigt haben.

Über den *Snapshot Manager* – das blaue Symbol – lassen sich grafisch alle von Ihnen abgespeicherten Zustände aufrufen, verwalten sowie ggf. auch löschen.

Nichtsdestotrotz sollten Sie von Ihren Daten auf *Parallels Desktop* auch zwischendurch ein Backup durchführen!

Eine weitere Funktion von *Parallels* ist der *Transporter* – über das Menü *File | Import* –, über den sich Daten aus anderen Virtualisierungswelten wie *VMware* oder von Windows direkt in *Parallels* einladen lassen. Allerdings sollten Sie dies nur bei überaus großzügigen Speicher-Ausstattungen als Möglichkeit in Betracht ziehen.

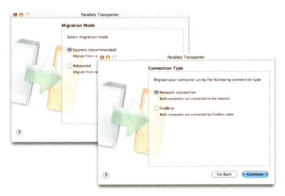

Zwischenfazit: *Parallels Desktop* ist eine durchaus attraktive Alternative. Laut den uns vorliegenden Einschätzungen aus dem Nutzerkreis gibt es aber noch Probleme bei großen Dateien – z. B. beim Erstellen von Video-DVDs, die naturgemäß gern in den Hunderter-Megabyte-Bereich und darüber hinaus gehen. Dann empfiehlt sich – zumindest bislang – wieder eine Lösung wie *Boot Camp*, die wie zuvor beschrieben den alleinigen Zugriff auf die CPU des Macs besitzt.

Die aktuelle Version von *Parallels Desktop* erlaubt es, 3D-Grafikkarten per *DirectX* und *OpenGL* einzusetzen; damit stehen den Spiele-Anhängern auch ihre – oftmals sehr grafiklastigen – Welten für z. B. »Herr der Ringe« und allerlei Baller-Games offen. Bislang bleiben wir da bei der zuvor genannten Apple-Alternative. Doch vielleicht kommt es einfach auf einen Test des jeweiligen (Online-)Spiels an.

Auch *Microsoft Vista* kann (wie übrigens auch alle anderen früheren Versionen – beginnend von *Windows 3.11, NT, ME* etc.) auf *Parallels Desktop* installiert werden. Die Umstiegefibel zielt aber auf jenen Nutzer, der sich eher aus *Windows XP* heraus auf den Mac zubewegt.

Die aktuelle Version unterstützt sogar die (vielleicht ein bisschen an den Mac »angelehnte«) Windows-Oberfläche *Aero*. Falls Sie daher irgendwann von *Windows XP* auf *Vista* umsteigen möchten: Unter dem Menüpunkt *Actions | Prepare Windows Vista Upgrade* können Sie dies für *Parallels Desktop* einrichten.

Arbeiten Sie eher mit Linux oder OS/2, können Sie auch dies auf *Parallels Desktop* betreiben. Da dies aber eine Fibel hinein in die Apple-Welt ist, sei dies nur am Rande erwähnt …

Wie Sie Ihren PC überholen: mit »Fusion« von »VMware«

Der Markt der virtuellen Möglichkeiten ist rasant in Bewegung. Und so hat sich neben *Parallels* auch eine zweite attraktive Alternative aufgetan: Die Software-Lösung *Fusion* des – in Sachen Virtualisierung etablierten – Herstellers *VMware*.

Für diese Fibel haben wir die Funktionalitäten getestet und dürfen vorweg nehmen: Die Anforderungen des reibungslosen Austausches zwischen Windows und Mac erreichen hier ein ebenbürtig hohes Niveau wie *Parallels*. Schauen wir einmal, welche Schritte nötig sind und besu-

chen im Internet die Seite www.vmware.com/de/products/fusion/
Von dort können Sie auch eine Demo-Version des Programms laden.

Fusion selbst ist mittlerweile deutschsprachig. Auch die Installation selbst folgt ähnlichen Regeln wie die der erstgenannten Software-Lösung. Demnach können Sie getrost die Installationsroutine durchklicken. Danach heißt es geschwind, Windows zu installieren, wobei Sie hier ebenso die Möglichkeit haben, entweder auf die vorhandene *Boot Camp*-Version zurückzugreifen (und sich so Zeit zu sparen) oder eine neue Windows-Umgebung zu installieren:

Im Folgenden daher die Installation als fast selbsterklärende Bildergeschichte. Nach der Auswahl Ihres Macs und der Eingabe Ihres Kennwortes können Sie den vorgegebenen Pfaden getrost folgen.

Die Seriennummer haben Sie ja mit Preisgabe Ihrer E-Mail-Adresse erhalten. Danach haben Sie 15 Tage Zeit, die Software auszutesten.

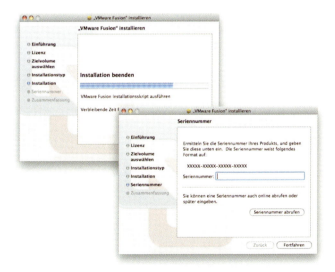

Nun ist *Fusion* eingerichtet; es fehlt nur noch mit Klick auf *Neu …* die Windows-Version (auch hier halten wir uns wie zuvor an die *Windows XP*-Variante, wobei mittlerweile auch *Vista* zumindest möglich ist):

Die Software-Architekten von *VMware* haben es Ihnen leicht gemacht mit der Einrichtung; halten Sie »nur noch« die Lizenznummer von *Windows XP* bereit (sofern Sie nicht auf die *Boot Camp*-Installation zugreifen, was ebenso möglich ist).

Im Anschluss daran haben Sie schon beinahe den blauen Installations-Bildschirm von *Windows* vermisst, stimmt's? Hier ist er:

Und siehe da – auf wundersame Weise erscheint im Programmfenster von *Fusion* Ihre sattsam bekannt grüne Wiese.

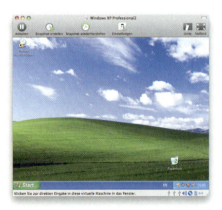

Nun haben Sie vielleicht schon die Buttons für zwei von drei Ansichts-Optionen entdeckt: *Unity* und *Vollbild*. Das Vollbild brauchen wir Ihnen ja nicht zu zeigen, da Sie dann bestimmt sagen: »Das kann mein alter PC auch über den ganzen Bildschirm hinweg« (will sagen: man sieht ja den Mac nicht mehr).

Zu allen drei Optionen gelangen Sie auch über die Menüleiste *Darstellung*. Hier können Sie auch Ihr *Start*-Menü (im *Unity*-Modus) einblenden lassen.

Zum Thema »Anti-Viren-Software« möchten wir auf unsere Hinweise bei *Parallels* und nochmals auf diese besuchenswerte Internet-Adresse verweisen: www.heise.de/security/dienste/antivirus/

Aufgrund unserer Leseranfragen seien hier zwei praktische Hinweise gestattet: Die Ansicht *Vollbild* verlassen Sie über die Tastenkombination ⌥ – ⌘ – S. Und den »Klammeraffen«, also das @-Zeichen, bekommen Sie über die Tasten ctrl – ⌘ – Q.

 Die *Snapshot*-Funktion trägt nicht nur denselben Namen wie bei *Parallels;* sie ist auch nahezu gleich zu bedienen. Gerade wenn Sie alle notwendige Software wie *Firefox, Adobe Reader* & Co. installiert haben, empfiehlt es sich, dies als »Momentaufnahme« in *Fusion* festzuhalten.

Da Sie sich dann immerhin (…) noch auf dem Mac bewegen, können Sie ja zwischen *VMware* und den anderen Programmen mit der Tastenkombination ⌘ – ➡ hin- und herspringen.

Ein weiterer Vorteil sei zwischendurch erwähnt: Mit *Fusion* können Sie mittels des bewährten *Kopieren & Einfügen* zwischen Windows und Mac hin- und herwandeln. Auch lassen sich die Daten zwischen den beiden Welten per so genanntem *Drag & Drop* hin- und herziehen.

Und natürlich lockt auch *Fusion* mit einer Funktion namens *VMware Importer,* mit der Sie – wen wundert's – Ihre *Parallels*-Welten in das Wettbewerbs-Produkt »hinüberretten« können. Zum Zeitpunkt der Drucklegung ist dies erst als Beta-Version vorhanden; im ersten Testlauf war dies aber augenscheinlich problemlos möglich. Ein Backup Ihrer Daten aus *Parallels* (ggf. auf einen USB-Stick) mag Sie aber vor dem Umzug ruhiger schlafen lassen …

Problemlos erschien in unserem Test auch die Erkennung / Anbindung diverser externer Geräte und Medien, die wir über die USB-Schnittstelle an den Mac gehängt haben und die dann in Windows präsent waren. Auch die Leistungsfähigkeit und die Anmutung des Programms insgesamt schien uns stabil und ansprechend. Durch das Update auf Leopard wurden die Befehle via Tastenkombination (auf Windows vormals mit *Strg,* auf dem Mac nun einheitlich mit ⌘) angeglichen.

Neben *Linux* und *Solaris* kann auch *Microsoft Vista* auf *Fusion* laufen – dieses raten wir eher zu *Windows XP,* sind doch der Bekanntheitsgrad höher und die Anforderungen an die Hardware niedriger.

Nach ersten Erfahrungen aus der Fachpresse soll *Vista* bei *Fusion* ein besseres Leistungsergebnis zeigen. *Windows XP* läuft dagegen auf *Parallels* »eine Nuance stabiler«.

> Viel wichtiger ist aber in eben diesem Vergleich: Windows-Programme laufen – zumindest unter *Windows XP* – sowohl auf *Parallels* wie auf *Fusion* schneller als auf einem Windows-PC selbst! Na, wenn das Argument ist …

Zwischendurch haben wir auch Alternativen wie *Crossover* getestet – über www.codeweavers.com/products/cxmac/ können Sie sich eine zeitlich begrenzte Demoversion herunterladen. Gerade für Umsteiger auf den Mac bieten *Parallels* und *Fusion* jedoch eine niedrigere Eintrittshürde mit ihrem geringeren bzw. leichter nachzuvollziehbaren Installationsaufwand.

Sie als Nutzer haben die Möglichkeit, beide als Testversion zu installieren. Wir meinen: Sie sollten – neben *Boot Camp* – diese verheißungsvollen Horizonte ruhig auch auf eigene Faust erobern. So bekommen Sie endlich den Mac auf Ihren Schreibtisch – und brauchen Windows nicht ganz zu verlassen.

Möglichkeiten fürs Monetäre: (Online) Banking, Steuern & Co.

Auch diese Frage treibt so manchen Apple-Neuling um: Wenn ich nun umsteige, kann ich auch dem Mac wie gewohnt meine Finanzen steuern oder Bankgeschäfte durchführen?

Natürlich können Sie auch Ihr Online-Banking wie gewohnt weiterbetreiben. Die meisten Banken können Sie dabei – mit und ohne *HBCI* – mit dem Browser *Safari* (oder auch über *Mozilla Firefox*) ansteuern und so Ihr Konto / Depot abfragen bzw. Überweisungen tätigen.

Banking auf dem Mac, ein Musterkonto

Vergessen Sie dann aber bitte nicht, am Schluss die Option *Abmelden* zu drücken (das passiert anfangs doch häufiger als gedacht).

Programme zur Kontenverwaltung auf dem Mac heißen *MacGiro* (www.med-i-bit.de), *Bank X* (www.application-systems.de/bankx), für die Buchführung z. B. *Mac Habu* (www.mac-habu.de) bzw. *Mac Konto* (www.msu.de/mackonto/). Sofern Sie beim Finanzamt Ihre Steuern digital erklären wollen, ist auch dieses möglich. Genau für diese Zwecke eignen sich eben *Parallels* und *Fusion*, um z. B. *Elster* laufen zu lassen.

Dokumente, Bilder, Filme und mehr: Daten erfolgreich transferieren

Ein Silberstreif am Horizont: Nicht immer nur Windows

Der Mac ist ausgepackt, *Boot Camp* und/oder *Parallels* bzw. *Fusion* sind installiert; nun kann es mit dem Daten-Umzug von Ihrem Windows PC auf den Mac losgehen. Die frohe Botschaft: Ihr Apple-Rechner liest und bearbeitet alle gängigen Daten, sofern die entsprechende Software installiert ist. Dazu brauchen Sie bei vielen kleinen Alltäglichkeiten gar keine Windows-Variante mehr.

Die Daten lassen sich einfach herüberziehen und genauso wie zuvor benutzen – so wie es die **Apple-Werbung zum Stichwort »Netzwerk«** hier äußerst humorvoll darstellt (falls Sie diese nicht kennen: Einer der beiden Herren steht für »Windows«, raten Sie mal wer). Einige Beispiele: *Microsoft Office* – sofern dies mit im Kaufpaket Ihres Macs enthalten ist – funktioniert auf Windows wie auf dem Mac nahezu identisch! Auch *Photoshop* (oder *Photoshop Elements*) arbeitet mit der gleichen Bedienoberfläche: Einfach die Daten transferieren und dann wie gewohnt weiterbearbeiten.

FileMaker Pro, alle gängigen *Adobe*-Programme wie *InDesign & Co.*, *QuarkXPress*, Ihre Programme rund um Buchhaltung und Steuern: Ist Ihr bislang gewohntes Windows-Programm auch als Mac-Version im Handel (und das sind die meisten etablierten Versionen), gelingt der Wechsel in der Bearbeitung der alten PC-Daten auf Ihrem neuen Mac meist nahtlos.

Sind Sie sich nicht sicher, ob Ihr Programm als Mac-Version vorhanden ist? Dann gehen Sie am besten ins Internet: Entweder auf die Website des jeweiligen Programm-Herstellers, in den Apple-Store bzw. zu einem Apple-Händler Ihres Vertrauens. Auch der Blick auf die zumeist mitgelieferten Programm-CDs »enthüllt«, ob eine Windows- und Mac-Version vorhanden ist.

Und sollte im Fall der Fälle wirklich nur eine Windows-Version existieren, können Sie diese ja entweder über *Boot Camp* oder *Parallels* oder *Fusion* betreiben. Doch lohnt es sich, hier dennoch ein wenig weiter zu schmökern, um zu erfahren, was denn alles so miteinander kompatibel ist – und wovon Sie bis heute nicht zu träumen wagten …

Mac-Formate für den Daten-Alltag

Sicherlich haben Sie auch multimediale Daten auf Ihrem Rechner wie Ihre Lieblingsmusik (z. B. als MP3- oder WAV-Datei), Bilder aus Ihrer Umgebung (JPEG, PDF, TIFF, GIF, RAW o. ä.) oder Filme vom Familien-Nachwuchs (MPEG 4, DV, aber auch Flash, AVI, QuickTime und mehr). Ganz praktisch: All diese lassen sich einfach herüberziehen!

iTunes und der *QuickTime Player* öffnen fast jede Audio-Datei (Ihre Musik-CDs sowieso), *iPhoto* und *Vorschau* (dieses Allround-Programm ist ebenso auf jedem Apple enthalten) zeigen Bilddateien und der QuickTime- bzw. DVD-Player spielt Ihren Film ab.

Natürlich bieten sich darüber hinaus jede Menge weitere Programme, die Sie zum Teil sogar als Freeware, also kostenfrei aus dem Internet laden können. Eine Zusatz-Komponente für *QuickTime* ist zum Beispiel *Flip4Mac*, (www.flip4mac.com), mit der Sie auch alle möglichen Audio- und Video-Daten von Windows betrachten können. Natürlich gibt es auch eine Mac-Version vom Windows-Media Player, die Sie unter `www.apple.com/downloads/macosx/video/windowsmediaplayerformacosx.html` downloaden können.

Auch sollten Sie den *Flash Player* von *Adobe* beizeiten installieren; Sie bekommen diesen unter `www.adobe.de`, der sich z. B. für die unterhaltsam wie informative TV-Version des *ct-Magazins* unter `wwww.heise.de/ct/tv/` einsetzen lässt. Das Nachrichten-Flaggschiff `www.tagesschau.de` können Sie ebenso darüber bestens betrachten.

Empfehlenswert und etabliert ist der *VLC-Player* (unter `www.videolan.org/vlc/download-macosx.html`), der sich auch als Alternative zum *Real Player* (sofern notwendig, ebenso als Mac-Version unter `www.real.com/international/?lang=de/loc=de` bewährt hat.

Nicht jede Zusatz-Software zählen wir hier in der Umsteigefibel auf. Dennoch sei eine Website empfohlen, die unter `www.versiontracker.com/macosx/` stets einen aktuellen Überblick über die Software-Landschaft bietet.

Zarte Netzwerk-Bande: Einstellungen auf dem Windows-PC

Um es vorweg zu nehmen: Sie müssen kein Informatik-Studium absolvieren, um die Brücke zwischen den beiden Rechner-Welten zu schlagen. Wichtig wäre, dass Sie jene Programme, die Sie auf dem Mac brauchen, schon vorab installieren; dann können Sie leichter nachvollziehen, ob der Transfer auch wirklich geklappt hat.

Um die Daten zu übertragen, gehen wir hier Schritt für Schritt vor. Dabei setzen wir uns als Ziel, den Windows-PC an den Mac anzuschließen und dann vom Mac aus die relevanten Daten herüberzuziehen. Dieses Vorgehen betrifft fast alle Daten – bis auf die »Herausforderung« Outlook, auf die wir im Folgekapitel eingehen werden.

Gleichwohl bauen wir hier (noch) kein beständiges Netzwerk zwischen Mac und Windows-PC auf, da dies nicht das Ziel der Umsteigefibel ist. Vielmehr demonstrieren wir Ihnen, wie Sie sich mittelfristig sogar ganz von Ihrem Windows-Rechner unabhängig machen können. Sollten Sie langfristig ein Netzwerk aufbauen, ist es ratsamer, die Zugriffsrechte auf beiden Rechner etwas detaillierter zu definieren. Hier geht es aber erst einmal um einen einmaligen Datentransfer.

> Auch weisen wir darauf hin, dass der Zugriff auf Ihre gesamten Daten immer auch eine Frage der Sicherheit ist. Deswegen empfiehlt sich vor jedwedem Eingriff an Ihrem Rechner ein Backup Ihrer persönlichen Daten – entweder auf CD/DVD oder einer externen Festplatte.

Noch ein Hinweis sei gestattet: Es gibt mittlerweile auch (kostenpflichtige) Hilfs-Software, die Ihnen den Weg zum Mac abnimmt – mehr dazu am Ende des Kapitels. Doch lassen Sie es uns sportlich und schrittweise selbst angehen – es ist auch keine Hexerei:

Wichtig ist, beide Rechner mit einem Ethernet-Kabel zu verbinden. Anschließend sollten Sie Ihre Rechner (Mac und PC) anschalten bzw. neu starten.

Damit die Rechner gegenseitig erkannt werden, müssen diese über eine so genannte »IP-Adresse« verfügen. Darunter versteht man – einfach gesprochen – eine eindeutige Zahlen-Kombination, die Ihr Rechner bereits besitzt. Diese Kombination können Sie auch selbst, sprich: manuell, vergeben. Auf dem Windows-PC können Sie diese Zahlen wie folgt festlegen:

- Gehen Sie über das *Start*-Menü (ggf. über *Systemsteuerung*) auf den Punkt *Netzwerkverbindungen*. Bei *LAN-Verbindung* können Sie gut über »Verbindung hergestellt« nachvollziehen, dass das Ethernet-Kabel angeschlossen ist.

- Klicken Sie dann mit der rechten Maustaste auf *LAN-Verbindung* und wählen Sie die *Eigenschaften* an.

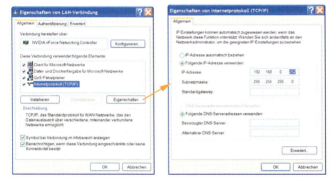

- Im dortigen Dialogfeld aktivieren Sie das *Internetprotokoll TCP/IP* und klicken dann dessen *Eigenschaften* an. Nach Auswahl der Option *Folgende IP-Adresse verwenden* tragen wir nun neben *IP-Adresse* die Zahlen-Kombination *192.168.0.252* hinein. Bei *Subnetzmaske* können Sie, sofern nicht schon automatisch geschehen, *255.255.255.0* eintragen. Bestätigen Sie beide Fenster mit *OK*.

Jetzt hat der Rechner im Netz eine offizielle »Hausnummer«. Als nächsten Schritt müssen wir den »Zutritt zum Haus« erlauben, also die Daten auf Ihrem Windows-PC für Dritte freigeben.

❖ Über das *Start*-Menü klicken Sie bitte *Arbeitsplatz* an. Im darauf folgenden Fenster sehen Sie unter anderem einen Ordner mit dem Namen »Dateien von *Ihnen*«, wobei »Ihnen« für den Namen des Benutzers steht, also im Beispiel »Dateien von Daniel«.

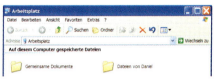

Wenn Sie diesen Ordner doppelklicken, kommen Sie auf diverse Einzelordner, zu denen Sie einzelne Zugriffsmöglichkeiten einräumen können. Wir bleiben aber in unserer Ordner-Ebene gleich auf »Dateien von Daniel« und geben diesen insgesamt für den Datentransfer frei.

❖ Klicken Sie mit der rechten Maustaste auf den Ordner und wählen Sie die *Freigabe und Sicherheit*. Bitte wählen Sie im darauf folgenden Dialogfeld *Freigabe*. Aktivieren Sie die Option *Diesen Ordner im Netzwerk freigeben*. Tragen Sie der Ordnung halber rechts neben *Freigabename* »WinTransfer« ein.

❖ Sie können zugleich auch die Option *Netzwerkbenutzer dürfen Daten verändern* anklicken; dann lassen sich auch vom Mac aus auf Ihrem Rechner Daten ablegen (wobei dies für die hier geplante »Einbahnstraße« nicht erforderlich ist).

❖ Klicken Sie auf *Übernehmen* und *OK*. Sie können die Freigabe nun visuell nachvollziehen – der erlaubte Zugriff wird nun durch eine »servierende« Hand symbolisiert.

Die Windows-Haustür ist offen! Lassen Sie uns – um im Bild zu bleiben – nochmals vor Eintritt auf das Klingelschild schauen, um vom Mac aus zu erkennen, welchen Namen Ihr Windows-Rechner trägt.

❖ Über das *Start*-Menü gehen Sie bitte auf *Systemsteuerung* und dort mit einem Doppelklick auf *System*. Im Reiter *Computername* notieren Sie sich bitte sowohl den »Computernamen« wie auch den Namen der »Arbeitsgruppe«, da wir diesen gleich benötigen. Schließen Sie die Fenster mit Klick auf das rote »X« rechts oben.

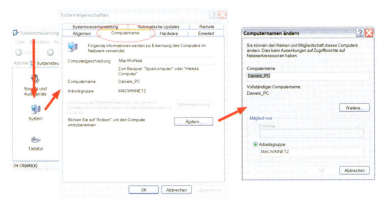

Netzwerk-Funktionalität – in Mac OS X bereits integriert

Wenden wir uns nun dem Mac zu, denn auch hier sind einige Vorarbeiten nötig. Damit sich Windows und Mac »vertragen«, bedarf es einer gemeinsamen Sprache. Nein, wir reden nicht von Esperanto, sondern von dem bewährten Projekt *Samba* – mal wieder und dankenswerterweise – aus der *Open Source*-Welt.

Samba stellt uns das so genannte »Server-Message-Block-Protokoll« – kurz: *SMB* –, welches auf Mac OS X dank seines UNIX-Unterbaus etabliert ist (das brauchen Sie jetzt nicht auswendig lernen …). Auch

Microsoft bedient sich dieses Verständigungs-Protokolls – was will man mehr?

❖ Auf Ihrem Mac gehen Sie bitte über das -Menü auf die *Systemeinstellungen* und hier auf das Ordner-Symbol *Sharing*.

❖ Auf der linken Seite sollte das Stichwort *File Sharing* angeklickt sein (siehe Abbildung); rechts davon klicken Sie nun auf *Optionen*. Hier setzen Sie nun den Haken an den dritten Punkt *Dateien und Ordner über* (das soeben erwähnte) *SMB bereitstellen* und schließen das Ganze dann mit Klick auf *Fertig* ab.

❖ Nun benötigen wir in den *Systemeinstellungen* das Symbol *Netzwerk*. (siehe auch in der Abbildung zuvor); sofern Sie das *Sharing*-Fenster noch nicht geschlossen haben, gelangen Sie links oben über *Alle einblenden* dorthin. Dass das Ethernet-Kabel nun auch am Mac angeschlossen ist, können Sie durch den Kommentar »Verbunden« links unterhalb des Begriffes (zu Ihrer eigenen Beruhigung) feststellen.

❖ Wie in der vorigen Abbildung ersichtlich, klicken Sie bitte rechts neben *Konfiguration* auf die Option *Manuell*. Damit vergeben wir nun auch an den Mac eine IP-Adresse, die sich im Grunde nur durch die letzte Ziffer von der Windows-Version unterscheidet, also hier *192.168.0.253*. Die *Sub-* oder eben hier: *Teilnetzmaske* sollte – sofern dies nicht automatisch geschieht – auf *255.255.255.0* getauft werden. Klicken Sie dann auf *Anwenden* und schließen Sie das Fenster.

Um es bildlich auszudrücken: Wir haben nun zwei Hausnummern vergeben, die direkt nebeneinander liegen. Die Verständigung innerhalb der Nachbarschaft wird somit »erleichtert«.

❖ Nun heißt es, neben dem Mac den »Nachbarn Windows« zu begrüßen, indem Sie über das Menü *Gehe zu* auf den Befehl *Mit Server verbinden* gehen und in die nachfolgend – mit dem »Samba-Vorspann« *smb://* die Windows-Adresse *192.168.0.252* eingeben:

Nun kann es einen kleinen Moment dauern, bis wirklich beide Rechner sich über das Ethernet-Kabel erkennen. Geben Sie ihnen die Zeit (im Zweifel starten Sie beide Rechner neu), um die Zugriffs-Wege zu identifizieren – zumindest bei uns dauerte es einen Augenblick.

- Nun will Windows kurz wissen, »wer denn da anklopft«. Geben Sie ihm *Name* und *Kennwort* preis – danach können Sie auf eben jenen Ordner zugreifen, den Sie zuvor in Windows als »freigegeben« deklariert haben. Bestätigen Sie mit *OK*.

- Auf dem Mac-Schreibtisch erscheinen nun jene Ordner als blaue Netzwerk-Festplatte. Öffnen Sie gleichzeitig ein Finder-Fenster, so sehen Sie unterhalb von *Freigaben* ein neues Symbol (hier mit dem Titel *danielwinlaptop*). Auch über diesen Weg finden Sie jene Ordner aus der Windows-Welt.

Tiptop, wie der Schweizer sagt! Die Windows-Welt »steht Ihnen frei zur Bedienung«, die Daten lassen sich mittels einfachem Herüberziehen auf Ihren Mac sichern.

Sollten Sie auch »rückwärts«, also Daten von Ihrem Mac auf den Windows-PC ablegen wollen, brauchen Sie die zugehörigen Schreibrechte. Diese erteilen Sie sich selbst großzügig über die oben erwähnte »Freigabe« im Kontextmenü des Wunsch-Ordners.

Wie bereits in den Vorkapiteln erwähnt, mag es sinnvoll sein, die Ordner-Kategorie – etwa nach Bildern, Musik und Filmen – in identischer Manier an- bzw. abzulegen. Ein wenig (…) Ordnung kann ja nicht schaden.

Move2Mac Ok, wir haben es Ihnen bereits angekündigt: Für den Umzug gibt es auch eine Lösung namens *Move2Mac* – mit einer Kombination aus Software und USB-Kabel können Sie Musik, Fotos, Dateien, Ordner und mehr schnell und einfach von Ihrem PC auf den Mac transferieren. Hierbei werden auch wichtige Einstellungen wie z. B. die Favoriten im Internet Explorer sowie Hintergründe übertragen. Weitere Infos finden Sie auch unter `www.detto.com/mac-file-transfer.html` oder bei einem Apple-Händler Ihrer Wahl (gleich mit Beratung!).

> Ein Punkt zur eigenen Beruhigung sei schon jetzt erwähnt: Sobald Ihre Daten glücklich und zufrieden in der Apple-Welt schlummern, melden Sie Ihren PC über die Auswurf-Taste ab und **schließen** auf dem Windows-Rechner Ihre Zugriffsrechte – ebenfalls über das Menü *Freigabe*. So bieten Sie auch in Zukunft für Dritte so wenig Angriffsfläche wie möglich.

Sind Ihre Daten nun fleißig herübergeladen? Dann können wir uns nun dem Spezialfall *Outlook* im nachfolgenden Kapitel widmen.

**Videofilmen, Musik selbst erstellen – was iLife 08
bietet, erklären wir Ihnen gern in diesen Büchern:**

für passionierte Videofilmer

iMovie 08
ca. 240 S. | EUR 24,80 (D)
ISBN 978-3-939685-07-4

- Filmemachen in Bestzeit – mit überzeugenden Ergebnissen
- Für Urlaub, Familienfest oder Job-Projekt
- Mit wenigen Klicks den überzeugenden Dreh finden

für spielerische Musik-Enthusiasten

Die Fibel zu GarageBand
ca. 180 Seiten
EUR 14,80 (D)
ISBN 978-3-939685-08-1

- Heute schon Musik selbst gemacht? ;-)
- Bühne frei für Ihren eigenen Lieblingssong
- Das Power-Tool zum erfolgreichen Musik-Arrangement

**Weitere Information (und unseren Newsletter)
erhalten Sie über www.mandl-schwarz.de**

E-Mails und Adressen – oder: wie ich bei Apple munter weitermaile

Office allgemein – Dokumente, Tabellenkalkulation und Präsentationen auf dem Mac

Ohne sie geht im Computer-Alltag fast nichts mehr, zumindest im »großen Büro«-Alltag: Die Office-Programme *Word, Excel, PowerPoint* und *Outlook* von Microsoft sind etabliert und eingeübt. Mit dem Wechsel auf den Mac müssen Sie diese Routinen nicht verlassen. Sie können diese natürlich unter *Boot Camp, Parallels* oder *Fusion* auch weiterhin als Windows-Variante laufen lassen.

Doch natürlich gibt es auch **Microsoft Office für den Mac,** so dass Sie dort Ihre Tabellenkalkulationen auf Excel, Ihre Präsentationen auf PowerPoint und Ihre Textdokumente in Word schreiben können. Das mit allen gängigen Tastenkürzeln und Funktionen wie auf Windows. Und das klappt nicht erst seit der 2008er-Version von Office ganz vorzüglich. So können Sie auch mit einer der vorigen Office-Version arbeiten (im Zweifel fragen Sie ruhig einmal den Mac-Händler Ihres Vertrauens!).

Das Schöne daran ist, dass Sie diese Dateien problemlos zwischen dem neuen Mac und bisherigen PC in stetem Wechsel weiterbearbeiten können. Dies liegt an den gleichen Datei-Formaten und -Endungen wie *.doc* für Word, *.xls* für Excel sowie *.ppt* für PowerPoint.

Daneben bietet der Mac noch einige Funktionen mehr wie z. B. die Möglichkeit, über das Such-Programm *Spotlight* Ihre Office-Dokumente auch inhaltlich durchsuchen zu können. So finden Sie Ihre Daten wesentlich schneller – egal, unter welchem Namen Sie z. B. Ihren »Antrag auf Gehaltsbeförderung« auch abgespeichert haben …

»Schnuppern erwünscht«: Ein erstaunliches Software-Angebot

Schon jetzt weisen wir darauf hin, dass Sie auf dem Apple-Rechner über einige gute Programm-Alternativen verfügen:

Zum reinen Text-Bearbeiten steht Ihnen das kostenlose Programm *TextEdit* zur Verfügung, welches Ihnen – zumindest als Grundausstattung – schon ausreichende Gestaltungsmöglichkeiten bietet.

Sofern Sie sich mit *Open Office* auf Ihrem Windows-PC beschäftigt haben, können Sie diese auch als kostenfreie Version für den Mac herunterladen. Daneben empfiehlt sich aber auch die *Open Source*-Variante *NeoOffice*, die Ihnen ein vollständiges Bürosoftware-Paket für Mac OS X bietet. Schauen Sie einfach mal bei www.neooffice.org vorbei.

Sie vermissen *Access* auf dem Mac? Dann beschnuppern Sie doch mal die äußerst benutzerfreundliche Datenbank-Lösung *FileMaker*. Unter www.filemaker.de können Sie sich auch eine Demoversion für Windows & Mac herunterladen.

Ihre *Microsoft Visio*-Daten können Sie – sofern Sie nicht (mehr) auf dem Windows-PC arbeiten wollen – einfach in das Visualisierungsprogramm *OmniGraffle* importieren und so wunderbare Diagramme, Charts und Mindmaps erstellen. Weitere Infos finden Sie unter www.omnigroup.com

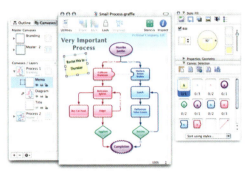

   Wenn Sie mit Ihrer Präsentation auch ästhetisch überzeugen wollen, wagen Sie sich doch einmal an *iWork* (als Kaufprodukt) heran. Das darin enthaltene Programm *Keynote* ist *PowerPoint*-kompatibel. Das Seitenlayout-Programm *Pages* besticht durch seine Vorlagen. Und auch das neue *Numbers* mausert sich zur *Excel*-Alternative, zumal die Daten zum Microsoft-Programm kompatibel sind.

So weit zum Thema »Fremdgehen« in Sachen *Dokumente, Tabellenkalkulation und Präsentationen*. Sofern Sie sich einen Mac erst zulegen und nicht auf *Word & Co.* verzichten mögen, überlegen Sie sich durchaus, ob Sie nicht von Programm-Bundles (oder Bildungs-Rabatten) für das nicht gerade günstige *Microsoft Office* profitieren können.

Über Umwege ans Ziel: Mit »Thunderbird« transportieren Sie »Outlook«

Die *Outlook*-Variante von Microsoft auf dem Mac heißt *Entourage* (leicht französelnd auszusprechen: Enturaadsch).

Ein eingefleischter Macianer bleibt zumindest am Anfang jedoch beim Apple-Pendant *Mail*, welches jedem Mac kostenlos beiliegt. Deswegen möchten wir dies als »Outlook-Lösung« für Nachrichten auf dem Mac präsentieren. Die Kontakte und Termine lassen sich dann automatisch von Windows in Ihr Apple-Programm *iCal* (wohl kurz für *»iKalender«*) übertragen. Sollte Ihnen (aus welchen Gründen auch immer) dies als Standardprogramm nicht ausreichen, sind *Mail* und *Entourage* im Übertrag Ihrer E-Mails aufeinander abgestimmt.

Wir geben es zu: Auch bei uns ist das Mail-Programm auf dem Rechner mittlerweile die Nerven- und Kommunikationszentrale nach draußen geworden. Allerdings stellt sich bei einem Umzug von Windows auf den Mac auch die Frage, wie denn diese wichtigen Daten mit herüber genommen werden können.

Wege zur Überbrückung gibt es einige. Hier zeigen wir Ihnen detailliert, wie Sie diese manuell übertragen. Allerdings können Sie sich auch eine Kaufversion von *Outlook to Mac* (offiziell: *O2M*) – gerade auch für *Microsoft Entourage* – besorgen. Weitere Details hierzu am Ende des Kapitels.

Es gibt noch eine (eher technisch orientierte) Möglichkeit: Vielfach wird das so genannte *»POP3*-Verfahren« bei den E-Mails genutzt. Bei diesem werden Ihre E-Mails beim Abruf vom jeweiligen Internet-Dienstleister dann auf Ihren Rechner gespeichert. Das ist sinnvoll, wenn Sie einen bestimmten Rechner für Ihre Mails einsetzen (und nicht ständig – z. B. von unterwegs – auf diesen zugreifen können). Stattdessen könnten Sie das *IMAP*-Verfahren benutzen, bei denen sämtliche virtuelle Post im Internet liegen bleibt und Sie diese nur stets von außen lesen. Dann brauchen Sie naturgemäß auch nicht von einem Rechner zum anderen ziehen. Das *IMAP*-Verfahren (als virtuelle Postlager-Station) wäre demnach auch eine Option, um über das Internet Ihre Daten abzulegen. Wir halten dies für unsere Bedürfnisse – mit zwei Rechnern auf dem Schreibtisch – für diese Fibel für weniger empfehlenswert.

Sollten Sie in der glücklichen Lage sein, nur wenige Mails verschieben zu müssen, mag dies per Drag & Drop ausreichen. Hierzu klicken Sie in Windows auf Ihre Postfächer in *Outlook* oder *Outlook Express* – den beiden Standardprogrammen – und exportieren diese.

Bei den meisten Computernutzern füllt sich aber recht schnell der virtuelle Postkasten. Und dann jeden einzelnen Ordner (wie einen Umzugskarton) einzeln herumzuwuchten, scheint zu beschwerlich. Da heißt es nun, statt vieler »Kartons« vielleicht »einen einzigen LKW« zu verwenden und mit diesem einen kleinen Umweg in Kauf zu nehmen, um dann alle Daten gesammelt abzuladen. Um das Bild zu erklären:

Der »LKW« heißt »Thunderbird« und ist ein kostenfreies E-Mail-Programm aus der *Open Source*-Welt von Mozilla, die uns auch schon den segensreichen Firefox-Browser zur Verfügung stellt.

Auf dem Umweg werden wir alle Mails samt Ordnerstruktur und Einstellungen aus *Outlook (Express)* »herüberretten«. Sie können so Ihre abonnierten Newsletter weiter beziehen und im Mail-Programm vielleicht schon angelegten Gruppen *(Familie, Geschäft, Boßelverein etc.)* erhalten.

Auch die Adressen lassen sich – wenn auch nur zum Teil – auf diesem Weg importieren. Hier bietet sich auch noch der »normale« Export aus Outlook in das Format *vCard* an, welches auf beiden Welten existiert. Auch dazu wenig später mehr.

So ein Umzug von einem Rechner auf den anderen sollte auch eine ideale Gelegenheit sein, Daten-»Ballast abzuwerfen«. Überlegen Sie doch einmal, ob die Vereins-Mitteilung aus dem Vorvorjahr oder die Umrechentabelle zur Euro-Einführung als Mail-Anhang so noch seine Existenzberechtigung hat (Sie glauben gar nicht, was sich da alles noch tummelt …). Die dafür eingeräumten ein, zwei Stunden sparen Sie mit Sicherheit durch das geringere Datenchaos wieder ein.

> Gestatten Sie uns noch diesen obligatorischen Hinweis: Auch wenn der Transfer der Daten bei uns so geklappt hat, raten wir Ihnen, vor dem Transfer (und nach dem Reinemachen) ein Backup Ihrer Daten anzulegen. Damit fahren Sie immer gut.

Vorarbeiten auf dem Quell-PC (Windows)

Thunderbird ist in der aktuellen Version kostenfrei im Internet unter `www.mozilla-europe.org/de/products/thunderbird/` erhältlich und sowohl für Windows, Linux, Mac OS X usf. verfügbar.

Schließen Sie nun zur Sicherheit alle aktiven Programme. Der Download von *Thunderbird* gestaltet sich auch auf Windows sorgenfrei.

Klicken Sie dazu in den ersten drei Dialogfeldern wie vorgegeben auf *Standard*, *Weiter* und *Fertig stellen*. Ein Konto brauchen wir dann nicht anzulegen, das Programm wird ja nach dem Transfer wieder gelöscht. Im Zweifelsfall geben Sie hier Ihre bisherigen Nutzungsdaten aus Outlook ein; allerdings werden wir aus diesem Mail-Programm ja keine Mails (aus dem Internet) abfragen.

In *Thunderbird* werden wir die Daten aus *Outlook (Express)* herübernehmen. Daher wählen wir nun über das Programm-Menü *Extras* die Option *Importieren*.

Im Anschluss verwenden Sie bitte die Rubrik *Nachrichten* (also Ihre Mails) und dann das Programm, aus dem dies importiert werden soll: *Outlook* oder *Outlook Express*.

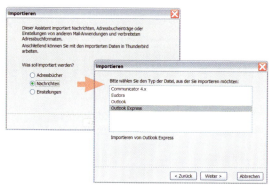

Sie werden überrascht sein, wie schnell Sie auf das zudem sicherere Programm *Thunderbird* gewechselt haben. Nach wenigen Minuten erscheint die Bestätigung, die Sie mit *Fertig stellen* quittieren. Im Anschluss erscheinen links im Menüfeld die aus *Outlook (Express)* angelegten Postfächer und Ordner.

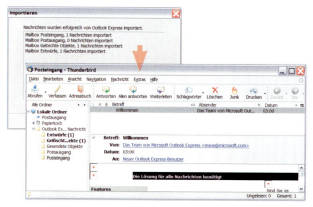

Auf die gleiche Weise verfahren Sie auch mit Ihrem Adressbuch; also beginnend vom Menüpunkt *Extras | Importieren* und so fort.

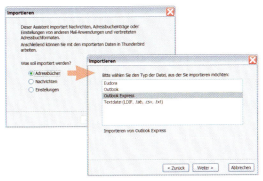

Auch hier haben sich nun alle ehedem mühsam in *Outlook (Express)* angelegten Kontakte in *Thunderbird* eingefunden.

Nun müssen wir etwas in den Innereien des Windows-PCs herumwühlen und uns die aktuellen *Thunderbird*-Daten zur weiteren Verwendung auf dem Mac herausholen.

❖ Klicken Sie im *Start*-Menü auf *Arbeitsplatz* und dann auf die Rubrik *Festplatte* mit dem Buchstaben *C*: Klicken Sie diesen doppelt an und öffnen Sie genauso den darin befindlichen Ordner *Dokumente und Einstellungen*.

❖ Klicken Sie den dort auftauchenden Ordner mit Ihrem Benutzernamen (bei uns: »Daniel«) mit einem Rechtsklick (also mit der rechten Maustaste) an. Dann gehen Sie über das Menü *Extras | Ordneroptionen* auf die Rubrik *Ansicht*. Im unteren Bereich müssen Sie nun ein wenig scrollen, um auf die Option *Alle Daten und Ordner anzeigen* zu kommen. Klicken Sie dann auf *Übernehmen*.

> Bitte legen Sie sich an dieser Stelle einen kleinen Memozettel auf die Seite, damit Sie diese Option nach geglücktem Umzug wieder deaktivieren. Vielen Dank! Ansonsten werden Sie im »alltäglichen Gebrauch« mit Ihrem Windows-Rechner mit allerlei sonst Unsichtbarem konfrontiert – das lenkt dann doch zu sehr ab.

❖ Sobald wir nun den Ordner mit Ihrem Benutzernamen doppelt anklicken, finden wir dort einen (leicht angegrauten) Ordner mit dem Namen *Anwendungsdaten* und nach einem Doppelklick darauf dann den ersehnten Ordner *Thunderbird*.

❖ Wählen Sie diesen nun an und gehen dann per Rechtsklick auf *Kopieren*. Die Daten sind nun im »Zwischenspeicher / Zwischengedächtnis« Ihres Rechners.

Sie können die Daten auf verschiedene Art und Weise ablegen. So tut es z.B. in diesem Fall auch ein USB-Stick – sofern denn die Kapazität für Ihren Mail-Berg ausreicht. Haben Sie Ihren Windows- und Apple-Rechner schon per Ethernet zusammengeschlossen? Dann kopieren Sie den Inhalt in den freigegebenen Ordner. Den Transfer von Daten haben wir ja bereits geschildert.

Wichtig ist, dass die im Ordner »Thunderbird« enthaltenen Ordner »Profiles« auf der Festplatte Ihres Macs – also am besten dort auf dem Schreibtisch – zu finden sind.

In der Zielgeraden: Daten-Import auf dem Mac

Als ersten Schritt laden wir von der gleichen Internet-Quelle die Mac-Version des E-Mail-Programmes *Thunderbird*, also wieder unter `www.mozilla-europe.org/de/products/thunderbird/`

  Klicken Sie dann auf das Dokument und öffnen Sie daraufhin die virtuelle Festplatte mit dem *Thunderbird*-Symbol.

Als Nächstes ziehen Sie – wie im Bild dargestellt – *Thunderbird* in den *Programme*-Ordner. Diesen finden Sie ganz leicht: Er liegt nach einem Doppelklick hinter Ihrem Festplatten-Symbol. Schon können Sie das Programm in diesen entsprechenden Ordner ziehen.

Bevor Sie das Programm das erste Mal starten, implementieren wir die Daten von Windows; wir »wühlen« – um das Bild nochmals zu bemühen – nun beim Mac in den Innereien. Jedoch gilt auch hier eine besondere Sorgfalt. Gehen Sie daher wie folgt vor:

❖ Doppelklicken Sie auf Ihr Festplatten-Symbol, dort auf den Ordner *Benutzer* und weiter auf den Ordner mit Ihrem Benutzer-Namen.

❖ Sobald Sie diesen geöffnet haben, findet sich dort ein Ordner namens *Library* (Obacht, diesen Ordner-Namen gibt es auch an anderer Stelle auf Ihrem Rechner), den wir nun öffnen.

❖ In diesen ziehen wir dann den auf den Mac kopierten Ordner »Thunderbird« (mit den darin enthaltenen Ordner-Daten *Profiles* etc.) hinein. Schließen Sie danach alle Fenster.

Und nun kommt der Clou: Sobald Sie *Thunderbird* öffnen, taucht auf der linken Seite Ihr Ordner mit dem Namen *Outlook (Express) Nachricht* auf, über den Sie dann – theoretisch – auf Ihre Mails zugreifen können. Der Switch ist also schon »so gut wie« geglückt!

Das E-Mail-Programm *Thunderbird* ist aber nach unserer Definition nur ein »Verschiebebahnhof«, den wir bald wieder verlassen wollen.

Ein letzter Schritt ist nun noch notwendig: Im geöffneten Programm *Thunderbird* müssen Sie noch einmal über das Menü *Datei* zur Option *Alle Ordner des Kontos komprimieren*. So vermeiden Sie einen Fehler im weiteren Fortgang (und werfen so weiteren ungewünschten Mail-Ballast ab).

Beenden Sie danach das Programm *Thunderbird* (und am besten auch alle anderen Mail-Programme sowie das *Adressbuch*) mit der Tastenkombination ⌘ – Q.

Versprochen, nun sind es nur noch zwei Schritte bis zum Ziel: Das eine Mal brauchen wir nun noch ein Zusatzprogramm, welches Ihnen dankenswerterweise der Mac-Profi Andreas Amann auf seiner Website zur Verfügung stellt: http://homepage.mac.com/aamann/ Laden Sie sich dort den *Eudora Mailbox Cleaner* herunter.

> Eine Geste sei an dieser Stelle gestattet: Hilft Ihnen das Programm sehr, freut sich der Programm-Macher durchaus über eine kleine Spende, die Sie ihm per »Paypal« zukommen lassen können – den Link hierfür auf seiner Website finden Sie, sofern Sie spendierfreudig sind, mit Sicherheit …

Suchen Sie nun den Ordner *Thunderbird* an der eben schon einmal beschriebenen Stelle, also per Doppelklick auf Ihr Festplatten-Symbol, dort auf Benutzer und dann Ihren Haus-Ordner mit Ihrem Benutzernamen. Im Ordner »Library« finden Sie den Ordner »Thunderbird« (wie auf dem Bild zu sehen) und dort den Ordner »Profiles«.

Bitte sorgen Sie nun dafür, dass auf Ihrem Bildschirm sowohl dieser Ordner als auch der *Eudora Mailbox Cleaner* zu sehen ist. Denn nun müssen Sie den Ordner *Profiles* mit der Maus (und ruhiger Hand!) auf den *Cleaner* ziehen, um Ihre Mail-Daten für den nächsten Wechsel auf das E Mail-Programm *Mail* von Apple kompatibel zu machen.

Wählen Sie dann bei *Import from* folgerichtig *Thunderbird* aus und aktivieren die Option *Import mailboxes* (sofern noch nicht automatisch geschehen). Nach einem Klick auf *OK* wird die Aufbereitung (hier im Bild bei nur sparsamer Mail-Fülle) nach einer Weile in einem zweiten Fenster bestätigt.

So, und nun kommt die Zielgerade in den Blick: Öffnen Sie das Programm *Mail* (im Dock leicht zu erkennen am Briefmarken-Symbol). Zur Linken finden Sie jetzt einen Ordner *Import*, den Sie bitte über die kleinen Dreieck-Symbole ganz aufklicken, bis Sie die Ordner unterhalb der Ebene *Outlook (Express)* sehen.

Diesen Schritt dürfen Sie nun nicht vergessen: Klicken Sie die Ordner separat an und gehen dann über das *Mail*-Menü *Postfach* auf die (unterste) Option *Wiederherstellen*. Dies ist wohlgemerkt für **jeden einzelnen Ordner** nötig.

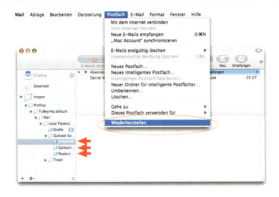

Im Anschluss finden Sie dort die jeweiligen Nachrichten im Programm *Mail*, die Sie dann nach Belieben verschieben und ordnen können.

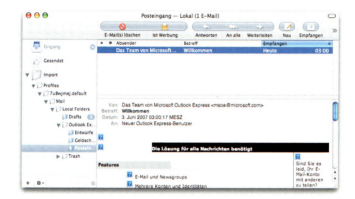

Achten Sie bitte darauf, in *Mail* keine Nachrichten unbedacht in den Ordner *Ausgang* zu legen, da diese dann sofort nochmals verschickt werden.

Nach dem Import über *Eudora Mailbox Cleaner* sind nach Angaben des Programm-Machers auch alle Regeln für Newsletter – sofern Sie diese angelegt haben – aktiv, so dass die E-Mails dann gleich immer »im richtigen Körbchen« landen. Auch das *Adressbuch* soll hierüber mit den richtigen Gruppen gefüllt sein, wobei wir hier noch einen anderen Weg schildern, um die Daten entsprechend zu transferieren.

»Wo sind mein Filofax, Moleskine & Co.?« Adressdaten sicher übertragen

Wer sich einmal die Mühe gemacht hat, Adressdaten in eine Datenbank einzutragen, möchte dies zumeist ungern wiederholen – denn der- oder diejenige weiß, wie viel Mühe ein gut gepflegter Adressbestand kostet.

Doch natürlich ist dies auch kein Hinderungsgrund, um z. B. die in Outlook eingetragenen Daten mit auf den Mac zu nehmen. Der Schlüssel liegt hier im *vCard*-Format. Die *vCard* ist eine elektronische Visitenkarte, die sowohl auf Windows wie auch auf Apple gelesen werden kann.

Um die Kontaktdaten zu übertragen, bieten sich verschiedene Wege an. Entscheidend ist an dieser Stelle nicht, welchen Übertragungsweg Sie wählen (Ethernet-Kabel, USB-Stick oder anspruchsvollere Netzwerke). Wir zeigen Ihnen nun, wie genau der Export aussehen kann und wie einfach diese auf dem Mac wieder eingeladen werden.

Nehmen wir dafür an, Sie haben in Ihrem Mail-Programm *Outlook Express* die entsprechenden Funktionen zur Adresspflege eingesetzt. Auf die *Outlook*-Variante (ohne *Express*) kommen wir ein wenig später hier zu sprechen. Damit wir diese transferieren können, legen Sie bitte auf dem Desktop per Rechtsklick einen Ordner an, in den die Visitenkarten gleich hineingelegt werden (am besten benennen Sie diesen mit einem treffenden Namen, hier also sinnigerweise »adresstransfer«).

Öffnen Sie das E-Mail-Programm und klicken dann auf *Adressbuch*. Gehen Sie über das Windows-Menü *Bearbeiten* und anschließend auf *Alles markieren*.

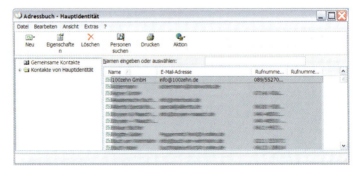

Ziehen Sie die Datenbestände dann mit der Maus auf den Desktop in den besagten Ordner. Prüfen Sie's nach: Im Ordner befinden sich nun Ihre Adressdaten im *vCard*-Format.

Nachdem Sie diese auf den Apple-Rechner gebracht haben, starten Sie Ihr Programm *Adressbuch* – im Dock sichtbar durch die hellbraune Kladde mit dem @-Zeichen – und öffnen den Ordner »adresstransfer«.

Würden Sie die Dateien jetzt einfach 'rüberziehen, gingen Ihre Umlaute »verschütt«. Daher bitten wir Sie, noch eine kleine Vorkehrung zu treffen: Im Menü *Adressbuch* unter *Einstellung* (oder über die Tastenkombination ⌘ – , (also »Befehl – Komma«) stellen Sie bitte vorübergehend unter der Rubrik *vCard* das Format auf *2.1* und die Codierung auf *Westeuropäisch Windows Latin 1*.

Markieren Sie dann alle *vCard*-Dateien (⌘ – A) und ziehen Sie diese in das Adressbuch-Fenster hinein. Der Import der Visitenkarten wird sogleich bestätigt.

Der lieben Ordnung halber stellen Sie nun die *vCard*-Codierung des Adressbuchs anschließend wieder auf die Ausgangsstellung:

Damit können Sie ab sofort auf alle Kontakte zugreifen! Und das Beste: Da die Programme auf dem Mac so gut miteinander verzahnt sind – hier also *Adressbuch* und *Mail* – stehen Ihnen die Kontakte gleich auch direkt in Ihrem Mail-Programm zur Verfügung.

> Vielleicht einfach zur Erinnerung: Das @ / »at«-Zeichen (der Klammeraffe) schreiben Sie auf dem Mac mit der Tastenkombination ⌥ – L. Viel Spaß beim Mailen!

Tipps & Tricks für alle Fälle

Haben Sie *Outlook* statt *Outlook Express*? Dann berichten wir hier von der Ausnahme der Regel, denn ganz offensichtlich will Windows Sie vielleicht »nicht unbedingt davonziehen lassen« und erschwert den Weggang. So lassen sich die Adressdaten aus *Outlook* heraus nicht in einem Schwung auf einen Ordner ziehen; allenfalls funktioniert dies nur mühsam in einzelnen Schritten. Gehen Sie daher wie folgt vor:

- Starten Sie *Outlook* und wählen Sie alle Kontakte aus. Im Anschluss können Sie diese über das Menü *Extras* (oder mit Outlook 2003 im Menü *Aktionen*) als *vCard* weiterleiten.

- Die *vCards* werden nun an eine Mail im Postausgang angehängt. Diese Mail können Sie einfach öffnen (bitte aber nicht die *vCard*-Anhänge) und dann unter dem Menü *Datei* die Option *Anlagen speichern* aktivieren und dann *Alle Anhänge*.

Sollten Sie hierbei Schwierigkeiten haben, bietet sich noch der Weg über das Adressbuch von Windows (nicht zu verwechseln mit dem von Apple) an. Sie gelangen hieran über das *Start*-Menü, dann unter *Programme* – dort im *Zubehör* finden Sie das Programm *Adressbuch*. Öffnen Sie dies und gehen Sie dann im Menü *Extras* unter *Optionen* auf *Gemeinsame Verwendung von Kontaktinformationen*. Bestätigen Sie mit *OK* und beenden Sie das Windows-Programm *Adressbuch*. Gleich danach starten Sie Adressbuch wieder – nun tauchen die Adressen aus *Outlook* auf. Als letzten Kniff starten Sie nun bitte *Outlook Express* (nicht: *Outlook*); auch dort können Sie jetzt auf die Adressen zugreifen. Hieraus können Sie dann mit der Maus die Adressen auf den angelegten Transfer-Ordner auf Ihrem Desktop ziehen und wie bereits oben beschrieben auf dem Mac fortfahren.

 Etwas mehr Komfort – das »Helferli« *Outlook to Mac / O2M*, welches Ihnen quasi halbautomatisch die *Outlook*-Daten (nicht: *Outlook Express*, für das wir hier ja eine Alternative geboten haben) herüberschaufelt. Sie können dies ohne Probleme testen unter `www.littlemachines.com` Allerdings ist der Schnupperkurs zum Transfer (verständlicherweise) auf insgesamt fünf Kontakte / Mails beschränkt.

Interessant ist dies aber für alle, die wirklich wenig Zeit haben und dafür lieber einen Obolus von 10 US-Dollar per Kreditkarte investieren wollen. Dies ist für verschiedene ältere *Outlook*-Versionen bis zu Windows XP und laut Angaben des Herstellers sogar Vista möglich! Das Hilfsprogramm legt dabei einen Ordner an, in den Sie Ihre Wunschdaten, also z. B. E-Mails (nach Belieben: mit oder ohne Anhang), Kontakte und Ihre Kalender-Daten hineinpacken, um diese dann auf dem Mac entsprechend ordentlich zu verstauen.

Spannend bei dieser Lösung ist der angebotene Transfer auch auf *Microsoft Entourage*. Für den ersten Kontakt mit dem Mac empfehlen wir Ihnen jedoch die attraktive Variante *Mail* von Apple.

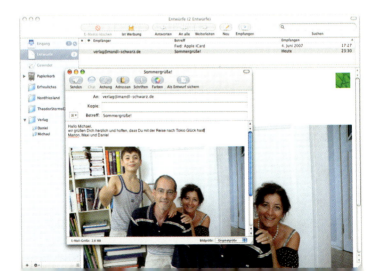

Schlummernde Talente: Wie Sie sich mit Ihrem Apple so richtig entfalten

Was wäre eine Umsteigefibel, wenn wir Ihnen nicht die Chancen aufzeigen, die sich durch »ein Leben ohne Windows« für Sie auftun. Die nachfolgenden Seiten sind auch für jene zum Durchschnuppern gedacht, die wie wir – zumindest bei Zeitschriften – manchmal von hinten anfangen zu lesen bzw. einfach noch nicht die einzelnen Vorkapitel im Detail studiert haben.

In diesem Kapitel finden Sie die wichtigsten Programme in einer Kurzübersicht, die Ihnen mit dem Mac bereits zugeliefert werden. Interessant ist dies für all jene, die sich irgendwann überlegen, ganz auf den Mac zu wechseln.

Es gibt noch zahlreiche andere Programme mehr, die auf Ihrem Apple-Rechner laufen. Wie gesagt, einige haben wir im Zusammenhang rund um die Bürosoftware *Microsoft Office* erwähnt – teils sind diese als Kaufversion zu haben, teilweise auch als *Open Source*-Programm wie z. B. *NeoOffice,* mit dem Sie Ihr »Home Office« vielleicht genauso gut in Schach halten. Und Ihre Talente womöglich erst noch entfalten!

Allen Anwendungen ist gemeinsam, dass Sie auf dem Mac im Ordner *Programme* liegen und auf einen Doppelklick hin gestartet werden können. Die von Ihnen häufig genutzten Programme lassen sich zudem auf der linken Seite im Dock unterbringen, so dass ein einzelner Klick dann darauf genügt.

Attraktive Anwendungen auf dem Mac

Da wir nicht alle Programme vorstellen, lohnt es sich durchaus, ein wenig mehr im Ordner *Programme* zu stöbern.

> Als Windows-Nutzer suchen Sie vielleicht die *Eigenschaften*, mit denen sich das einzelne Programm einrichten lässt. Bei Apple-Anwendungen drücken Sie – sobald Sie das Programm gestartet haben – die Tastenkombination ⌘ – , (Befehl – Komma): Im Anschluss können Sie Ihre Programmeinstellungen ändern.

Wenn Sie sich nun munter durch die Programme klicken, sei dies zur Beruhigung gesagt: Das Risiko, sich dabei zu »verrennen«, ist recht gering: Denn mit der *esc*/Escape-Taste links oben auf der Tastatur kommen Sie meist wieder aus dem »Try & Error-Leben« wieder heraus. Mit der bewährten Tastenkombination ⌘ – *Q* beenden Sie das jeweilige Programm wieder.

Doch lassen wir jetzt mal die Parade an uns vorbeiziehen:

Adressbuch

Vorbei sind die Zeiten der Zettelwirtschaft, indem Sie Anschriften, E-Mail-Adressen und Mobilfunk-Nummern verlegt haben. Für einen allumfassenden Adressbestand gibt es das Programm *Adressbuch*, skizziert im Dock durch eine hellbraune Kladde und dem Klammeraffen darauf. Der Vorteil: Dieses Programm ist auch mit den anderen Apple-Programmen verzahnt, so dass z. B. die – einmal eingepflegten – E-Mail-Anschriften bei Bedarf und ohne Umwege auch in *Mail* (siehe weiter unten) als Vorschlag auftauchen.

Chess

Wieso eigentlich immer nur *Minesweeper* oder *Solitaire* von Windows? Apple unterhält Sie bei Bedarf ebenbürtig (wenn nicht eh schon auf eine angenehmere Art und Weise). Ein Beispiel ist das virtuelle Schachspiel *Chess*, welches sich in verschiedenen Schwierigkeitsstufen (bis hin zu *Suicide* und *Losers)* anbietet.

Spielen Sie gern und bekennen Sie sich als *Sudoku*-Jünger? Dann können Sie über das nachfolgend vorgestellte *Dashboard* ein so genanntes *Sudoku*-Widget aus dem Internet herunterladen.

Dashboard

Was hier wieder so englisch daherkommt, ist nichts anderes als das »Armaturenbrett« von Apple. Mit einem Klick auf das runde, schwarze Symbol mit dem roten Zeiger in der Mitte im Dock (oder über die Taste *F12*) können Sie zahlreiche Miniprogramme – so genannte »Widgets« – abrufen, die Sie beim Erledigen alltäglicher Aufgaben unterstützen.

Einige Programme wie der *Taschenrechner* sind auch direkt über den Schreibtisch erklickbar. Einige andere wie die aktuelle *Wettervorhersage* für einen Ort Ihrer Wahl und weiteres Interessantes wie den direkten Zugriff auf *Wikipedia* können Sie eben über Ihr Dashboard jederzeit auf den Bildschirm rufen – wobei Sie in manchen Fällen eine bestehende Online-Verbindung benötigen.

Dictionary / Wörterbuch und Übersetzung

Pflegen Sie gerade Ihre fremdsprachige Korrespondenz und fehlt Ihnen dieses – na, wie hieß es doch noch – eine Wort? Kein Problem, die beiden Übersetzungs-Miniprogramme *Dictionary (Wörterbuch)* und *Übersetzung* helfen Ihnen sowohl bei einzelnen Worten wie auch ganzen Satzphrasen z. B. auf Englisch oder Französisch. Auch ein Wörterbuch sowie ein *Thesaurus* lässt sich auf Wunsch geschwind öffnen.

DVD Player

Das Programm ist auf dem Mac selbstverständlich vorhanden; dennoch taucht die Frage immer wieder auf, ob denn auch die Lieblingsserie »Six Feet Under« (oder was auch immer auf DVD) abzuspielen ist. Das Abspielprogramm (Player) sorgt für unbeschwerten Heimkino-Spaß.

Exposé

Manchmal ist man »erschlagen« von der großen Anzahl der laufenden Programme und Fenster. Dann hilft ein Klick auf die Taste *F9* – und alle gerade geöffneten Fenster stellen sich brav nebeneinander auf. Der Clou: Sie können so mit einem Klick auf das gesuchte Fenster dieses sofort in der Vordergrund holen und sparen somit Zeit bei der Suche.

übersichtlich: alle gerade offenen Fenster bitte mal nebeneinander — *F9*

F10 — *zu viele Fenster innerhalb eines Programms offen? Das hilft.*

Durchblick und Zugriff auf einen (nicht immer so ordentlichen) Schreibtisch – mit Klick auf — *F11*

Das ist aber noch nicht alles: Mit der Taste *F10* können Sie auf dem Schreibtisch alle Fenster eines gerade laufenden Programmes nebeneinander aufzeigen lassen. Und mit *F11* entschwinden alle derzeit offenen Fenster, damit Sie ungehindert auf Ihre Daten am Computer-Bildschirm (Schreibtisch) zugreifen können. Probieren Sie es aus – bei diesen cleveren Funktionstasten ist man baff!

Front Row

Wenn dieser rote Sessel mal nicht zum Zurücklehnen einlädt – Ähnliches müssen wohl die Apple-Macher gedacht haben, als sie das Symbol für dieses Programm entworfen haben: Und in der Tat, *Front Row* ist die Ausgangsbasis, um alle multimedialen Inhalte auf Ihrem Mac mit der Fernbedienung ablaufen zu lassen (vom Sessel aus, versteht sich). Also, DVD einwerfen und los geht's ...

GarageBand

Wenn Sie Musik nicht nur hören, sondern auch allzu gern einmal spielen und komponieren wollen, greifen Sie auf dieses Programm zurück. Dabei benötigen Sie keinen Instrumenten-Park, um ein musikalischer Virtuose zu werden. *GarageBand* ist Teil des Softwarepakets *iLife*.

iCal

Wenn Sie Ihre Termine auf Windows bislang in *Outlook* organisiert haben, können Sie – mittelfristig – durchaus diesen virtuellen Kalender in Betracht ziehen. Natürlich lässt sich dieser an das Internet anbinden, um so z. B. gemeinsame Freizeiten zusammen mit weiteren *iCal*-Nutzern zu organisieren und so fort.

iChat

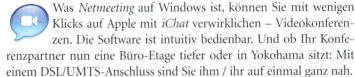
Was *Netmeeting* auf Windows ist, können Sie mit wenigen Klicks auf Apple mit *iChat* verwirklichen – Videokonferenzen. Die Software ist intuitiv bedienbar. Und ob Ihr Konferenzpartner nun eine Büro-Etage tiefer oder in Yokohama sitzt: Mit einem DSL/UMTS-Anschluss sind Sie ihm / ihr auf einmal ganz nah.

iDVD

Anders als der *DVD Player* können Sie mit *iDVD* – als Bestandteil der *iLife*-Software – Ihre Urlaubsfilme und Firmenpräsentationen äußerst professionell zu einem DVD-Film bearbeiten. *iDVD* arbeitet dabei nahtlos mit *iMovie* zusammen.

iMovie HD

Sollten Sie einen Camcorder (oder eine Digitalkamera mit Filmaufnahme-Option) besitzen, können Sie Ihre Meisterwerke dank dieser Anwendung in einen überzeugenden Film wandeln. Auch diese Software besticht durch die übergreifenden Funktionen innerhalb der *iLife*-Programmfamilie, so dass Sie auf Wunsch Ihre Clips mit wenigen Klicks ins Internet stellen können.

iPhoto

Schlummert in Ihnen ein Hobbyfotograf? Dann wird als Mac-Nutzer dies Ihr Lieblingsprogramm. Mit *iPhoto* peppen Sie Ihre Bilder (sofern nötig) ansprechend auf. Und das Geniale daran: Ganz ohne Hürden in der Bedienung können Sie Ihre digitalen Werke sehr leicht mit Dritten teilen – sei es per Mail, Internet oder auf gedruckten Medien. *iPhoto* gehört zu den großen Vorteilen innerhalb der Programme auf dem Mac!

iTunes

Wenn Sie einen iPod besitzen, kennen Sie *iTunes*. Das Programm rund um die Organisation Ihrer Musik-CDs hat das (eh schon immer etwas störende) CD-Regal neben der Stereoanlage überflüssig gemacht. Füttern Sie auf sehr einfache Weise Ihren Mac mit Ihrer Musik – und konvertieren, brennen und verteilen Sie diese auf Ihren Lieblings-iPod. Natürlich können Sie hierüber auch im *iTunes Store* neue Musik einkaufen; herumschnuppern ist dort immer erwünscht!

Als ein Tipp zum Umzug von Windows auf den Mac schauen Sie doch einmal auf unsere Website – dort haben wir die wichtigsten Schritte für die Übertragung der Musikdaten aufgeführt.

iWeb

Wollen Sie Ihr Online-Leben mit anderen teilen? Und Sie dabei gleich mit ansprechenden Websites, Podcasts und eigenen Blogs beeindrucken? Dann ist das Programm *iWeb* als Teil der *iLife*-Familie das beste Einsteiger-Werkzeug.

Die Internet-Seiten lassen sich innerhalb von wenigen Minuten nach eigenem Geschmack gestalten und auf Wunsch mitsamt Bildern und Filmen ins Internet stellen. Auch dies ist wieder ein Argument für die integrierte Funktion aller Apple-Programme, die Ihnen den Alltag so erleichtern.

iWork – Keynote, Numbers und Pages

iWork ist als Kaufversion ein Programmpaket bestehend aus *Keynote, Numbers* und *Pages*. Mit *Keynote* gestalten Sie ansprechende Präsentationen, wobei Sie natürlich sowohl von *PowerPoint* Ihre Daten übernehmen als auch nach Windows Ihre Präsentation exportieren können. *Numbers* »bringt Ihre Zahlen in Ordnung« und dient dabei als Ersatz für *Excel*, wobei der Im- und Export Richtung Microsoft kein Problem darstellen sollte. *Pages* ist ein Layout-Programm für Einsteiger, mit dem Sie vom Briefpapier bis zur Zeitschrift von ästhetischen Vorlagen profitieren und diese sofort übernehmen können. So überzeugen Sie mit einem professionell gestalteten Auftritt!

Mail

Für alle E-Mail-Anhänger (und wer ist das wohl nicht) bietet sich diese Alternative zu *Outlook* mehr als an. Scheitert doch fast jeder Mail-Virus an der Apple-Welt! Da lässt es sich weitaus beruhigter arbeiten. Und sind einmal alle Kontakte im Adressbuch (siehe oben) eingepflegt, können Sie mit wenigen Klicks schnell und effizient kommunizieren. Probieren Sie es aus!

Photo Booth

Neuere Macs haben eine integrierte *iSight*-Kamera und bringen mit dem zugehörigen Programm *Photo Booth* jede Menge Spaß auf den Bildschirm. Besonders Kinder haben ihre helle Freude daran, lassen sich doch hervorragend Grimassen schneiden, Zunge blecken und Kopfstand machen – und dies per »Live-Kamera« und zum Aufnehmen mit vielerlei Effekten und Abspielen auf dem Mac. Ein wunderbares Mittel, um die jüngste Generation an Apple heranzuführen. Kompliment!

QuickTime

QuickTime gehört zu den Internet-Standards, mit denen sich die meisten Audio-, Video- und Bildformate abspielen lassen. Gerade bei den multimedialen Inhalten im Web ist der mitgelieferte *QuickTime Player* das Programm Ihrer Wahl. Zu den Erweiterungen haben wir ja in der Mitte der Fibel einige Tipps gegeben.

Safari (und Firefox)

Was der »Internet Explorer« für den Windows-Anwender, ist für den Apple-Anhänger der Browser *Safari* (und hoffentlich sehr viel mehr) – den es übrigens auch für Windows gibt! Ungleich sicherer bewegen Sie sich so im Internet und profitieren dabei von einem schnellen Seitenaufbau. Äußerst angenehm ist die integrierte *Google-Suche* rechts oben im *Safari*-Fenster.

Und um Ihre Nerven zu sparen, ist in *Safari* eine Sperre eingebaut, die Sie von den störenden Werbefenstern – so genannten »Popups« – verschont, die Ihnen (mehr oder minder bewusst) oft die Sicht auf den eigentlichen Internet-Inhalt verstellen. De/aktivieren lässt sich dieser Popup-Blocker über das Menü *Safari | Popups unterdrücken*. Natürlich sind alle Funktionen nach Belieben einstellbar.

Als Alternative zu Safari können wir Ihnen ruhigen Gewissens den bekannten Browser *Firefox* empfehlen, der selbstverständlich auch als Mac-Variante unter `www.mozilla-europe.org/de/` kostenfrei zu haben ist. Achten Sie beim Download bitte auf die genaue Adresse wie hier angegeben.

Schriftsammlung

Es ist immer das Gleiche: *Helvetica* und *Times* (auf Vista wird es wohl die Schrift *Segoe* werden). Das Programm *Schriftsammlung* – im Dock erkenntlich durch das stilisierte Buch mit dem *F* obendrauf (wie »Font« / Schrift) – macht es Ihnen leicht, Ihre Schriften zu organisieren und Ihren Text ansprechend zu gestalten, indem Sie Zugriff auf Dutzende weitere Schriften erhalten.

Spotlight

Wer früher seine halbe Computerzeit damit verbracht hat, erst einmal seine Sachen zu suchen, dem wird die Such-Technologie mit dem Namen *Spotlight* fast wie eine Erlösung vorkommen. Vom Windows-Schoßhündchen, der auf der Suche erst einmal drei Fragen stellt, bevor es überhaupt losgehen kann, brauchen wir da ja kaum mehr zu sprechen.

Geben Sie Ihre Stichworte über das jederzeit erreichbare Suchmenü (rechts oben mit Klick auf den blauen Kreis) ein und einen Augenaufschlag später ist die gesuchte Datei dabei. Und Sie haben wieder Zeit gewonnen für Ihre wahren Aufgaben im Leben …

In Leopard ist noch eine Funktion hinzugekommen; so können Sie in Spotlight jetzt auch »prima Rechenaufgaben für zwischendurch« ausführen (und sich so den Aufruf des Programms *Rechner* ersparen).

Time Machine

Eine der wichtigsten im Betriebssystem *Leopard* eingebauten Funktionen ist *Time Machine*. Damit – und am besten mit einer externen Festplatte – sichern Sie Ihre Daten, indem eine aktuelle Kopie aller Daten auf Ihrem Mac, d. h. von allen digitalen Fotos, Songs, Filmen und Dokumenten erstellt wird. Im Falle eines ungewollten Dateiverlustes können Sie ganz einfach beliebige Objekte schnell und unkompliziert wiederherstellen.

Vorschau

Das »Schweizer Messer« unter den Apple-Programmen ist die *Vorschau*. Deswegen liegt die Anwendung auch gleich klickbereit im Dock – stilisiert durch zwei Fotos und eine Betrachtungs-Lupe. Hiermit können Sie problemlos PDF-Daten öffnen und speichern, Text betrachten und kopieren sowie Fotos und Faxdokumente und noch vieles mehr anschauen. Im Zweifel heißt es daher immer: Klick mal die »Vorschau« an!

Wissenswertes über den Horizont hinaus

Adobe Reader

Das Standardprogramm für alle, die PDFs anschauen, lässt sich natürlich auch auf dem Mac installieren (am besten direkt von der Hersteller-Website www.adobe.de). Und sollten Sie mit dem Apple-Programm *Vorschau* nicht mehr weiter wissen, drücken Sie auf den *Adobe Reader* – z. B. um Scheine für Ihre Pakete über DHL über das Internet auszufüllen und zu drucken (wer steht schon gern in der Schlange vorm Postschalter).

GraphicConverter

Tauchen Probleme beim Öffnen von Bild-Dateien auf? Dann probieren Sie einmal dieses Programm, welches Sie als Demo-Version von der Website www.lemkesoft.com herunterladen können. Der *GraphicConverter* ist das Rundum-Werkzeug, wenn es um »exotische« Datentypen geht.

(Externe) Programme aktuell

Bereits im Buch haben wir auf diverse Alternativen zu den gängigen Programmen hingewiesen. Eine gute Startbasis für solche Recherchen ist immer www.versiontracker.com/macosx/ Recht praktisch ist auch die Suchfunktion, die Ihnen die besten Lösungs-Alternativen vorschlägt. Probieren Sie es aus!

An dieser Stelle danken wir Ihnen für Ihr Interesse – und hoffen, Ihnen beim ersten Umsteigen von Windows auf den Mac geholfen zu haben. Bitte haben Sie (aus gegebenem Anlass) dafür Verständnis, dass wir **keine individuelle** Unterstützung anbieten können.

Doch würden wir uns sehr über ein Feedback per E-Mail unter *win2mac@mandl-schwarz.de* freuen. Also, bis dann! *Ihr*
Daniel Mandl & Michael Schwarz

Erst wie gewohnt Windows, und jetzt auf dem Mac = ? Eine hilfreiche Übersicht

Auf Ihrem Windows-Rechner haben Sie sich an bestimmte Routinen gewöhnt. Einiges ist anders auf dem Mac – und davon ist hier die Rede. Sie brauchen die vorigen Kapitel dazu nicht im Detail gelesen haben – hier finden Sie hoffentlich in loser Reihenfolge einige kurze Antworten auf die drängendsten Fragen rund um das Thema »Windows/Mac«.

Den Rechner schalte ich aus, indem ich über **Start** auf **Ausschalten** gehe.

Über das -Menü finden Sie ohne große Umwege die gleichen Optionen. Das Gleiche gilt für **Ruhezustand** und **Neustart**.

Das Bild der **grünen Wiese** von Windows XP habe ich auf meinem PC ausgewechselt, indem ich auf den Desktop-Hintergrund geändert habe – durch Klick auf die rechte Maustaste und dann über »Eigenschaften«.

Rufen Sie das Kontextmenü auf und wählen Sie dort **Schreibtischhintergrund ändern**. Dort fnden Sie dann vielfältige Bildschirm-Hintergründe.

Sie können auch Ihr **eigenes Urlaubsbild** auswählen, indem Sie es zuvor in den Mac-Ordner »Bilder« hineinkopieren.

Über den **Rechtsklick mit der Maus** erhalte ich passende Kurzbefehle zu dem, was ich gerade am Computer bearbeite.

Wie gerade beim Ändern des Bildschirmhintergrundes drücken und halten Sie die **ctrl**-Taste und klicken Sie dann mit der Maus: Voilá – auch hier erscheint Ihr vielleicht heißgeliebtes **Kontextmenü**. Bei der aktuellen Zweitastenmaus brauchen Sie nur noch einen Rechtsklick ausführen ...

... und selbstverständlich können Sie auch jede andere Zweitastenmaus verwenden; da ist Apple durchaus »kulant«.

Falls mir mal ein Fenster »im Weg steht«, schließe ich es mit Klick auf ❌.

Links oben an jedem Fenster befinden sich drei verschieden farbige Punkte (oder »Knöpfe«); klicken Sie zum Schließen eines Fensters bitte den roten 🔴.

Mit dem mittleren Symbol 🔲 springt es auf die optimale Ansichtsgröße.

»Grün« 🟢 bringt den Fenster-Inhalt bei Bedarf auf die optimale Ansichtsgröße. :-)

Und mit Klick auf das kleine weiße Balken-Symbol ➖ verschwindet das Fenster übergangsweise in der Leiste am unteren Bildschirmrand.

Mit Klick auf die gelbe »Pille« 🟡 rutscht das Fenster rechts unten ins Dock hinein und macht so Platz, bis ich es dort wieder anklicke.
Alternativ hierzu kann ich das Programm auch mit der Tastenkombination ⌘ – **H** (für engl. **hide**) »verstecken« lassen.

Mit den gängigen Tastaturbefehlen spare ich mir Zeit und Wege wie z. B. für **Kopieren** und **Einfügen** die Kombinationen **Strg** – **C** und **Strg** – **V**.	Ganz allgemein: **Befehle**, die Sie unter Windows mit **Strg** aufgerufen haben, können Sie auf dem Mac mit der ⌘-**Taste** aktivieren: Die »klassischen Tastaturkombinationen« lauten demnach **Kopieren** ⌘ – **C** **Einfügen** ⌘ – **V** Weitere Tastenkombinationen: **Öffnen** ⌘ – **O** **Speichern** ⌘ – **S** **Rückgängig** ⌘ – **Z** [sh. »Tastatur« weiter hinten]
Gängige **Sonderzeichen** wie z. B. … Euro-Zeichen € »at«-Zeichen @	… bekomme ich mit der ⌥-Taste, die so die **Alt**-Funktion erfüllt: ⌥ – **E** ⌥ – **L** Achtung: In den Windows-Simulationen auf dem Mac schreiben Sie den »Klammeraffen« / @ so: **ctrl** – ⌥ – **Q**
Zwischen den laufenden Programmen wechsle ich mit **Strg** – ⇥	Auf dem Mac geht's elegant mit: ⌘ – ⇥ oder rückwärts mit ⌘ – ⇧ – ⇥. Falls die Liste der offenen Programme zu lang ist, können Sie auch mit der Maus auf ein Symbol klicken (bzw. dann einige nicht benutzte schließen!).
Programme beende ich entweder mit einem Klick auf ⊠ oder über die Tastenkombination **Strg** – **Q**	Im Gegensatz zu Windows ist mit dem Fensterschließen das Programm noch nicht beendet; dies erledigen Sie mit ⌘ – **Q**

Über das Symbol »Mein Arbeitsplatz« links oben (oder unten über das Start-Menü) am Bildschirm greife ich auf alle meine **Ordner und Daten auf dem PC** zu.	Rechts oben auf dem Bildschirm findet sich das Symbol der **Festplatte** meines Macs. Nach einem Doppelklick auf das Symbol finde ich in der Seitenleiste das **Haus-Symbol** mit meinem Benutzernamen, in dem alle Ordner enthalten sind.
Der **Windows Explorer** gibt mir eine Übersicht über meinen PC.	Das Pendant auf dem Mac heißt **Finder**. Sie erreichen es mit einem Klick auf das Symbol im Dock – den lächelnden Mac (siehe auch oben hier am Kopf der Tabelle).
Über meinen **Arbeitsplatz** gelange ich zu externen Datenträgern – wie USB-Stick, CD/DVD, externe Festplatten.	Alle geladenen Medien (vom Stick bis zur CD und anderen Speicherträgern) erscheinen auf dem Mac **direkt auf dem Schreibtisch** oder im Finder-Fenster; sparen Sie sich den bisher auf Windows üblichen Umweg und klicken Sie gleich auf das entsprechende Symbol, sobald dies geladen ist.
Wechsel-Speichermedien entferne ich aus dem PC mit einem Rechts-Klick darauf und dem Befehl »Auswerfen«.	Sofern Sie ein Finderfenster geöffnet haben, klicken Sie auf die **Auswurf**-Taste rechts neben den Eintrag der CD/DVD (oder auch jedes anderen externen Speicherträgers wie einen iPod, einen USB-Stick etc.). Zum Auswerfen der CD/DVD können Sie – sobald deren Symbol auf dem Schreibtisch ausgewählt ist – auch einfach auf jeder Mac-Tastatur die **Auswurf**-Taste rechts oben anklicken.

Haben Sie auf Ihrem PC mal eine Datei gesucht? Dann kommen Sie an dem Hund wohl nicht vorbei, der statt »loszulaufen« erst treuherzig (doch zu viele) Fragen stellt.

Für eilige Nutzer hat Apple eine ganz wunderbare **Suchfunktion** eingebaut: **Spotlight.** Klicken Sie auf dieses kleine blaue Symbol rechts oben und geben Sie Ihren Suchbegriff ein. Ihre Datei findet sich ganz fix (auch ohne Hund) ...

Verknüpfungen (hier: z. B. für den Desktop) erzeuge ich über das Kontextmenü bzw. über das Ziehen der Datei zusammen mit gedrückter **Alt**-Taste.

Die Verknüpfung wird auf dem Mac **Alias** genannt. Klicken Sie Ihr Zielobjekt, -programm einmal an und drücken Sie dann die Tastenkombi ⌘ – **L**. Legen Sie diese Art Wegweiser an der gewünschten Stelle ab – z. B. auf dem Schreibtisch.

> Das Symbol erhält ebenfalls einen **kleinen schwarzen Pfeil**.

Links neben dem Start-Menü kann ich in der blauen **Leiste** Verknüpfungen von Programmen ablegen, um diese so schneller zu starten.

Die Startbasis für jene Programme und Dateien, auf die Sie mit nur einem Klick zugreifen wollen, ist das **Dock**.

Hier hinein lassen sich auch die »Verknüpfungen« für **Ordner und Dateien** ablegen: Ziehen Sie einfach das jeweilige Symbol auf die **rechte Seite** des Docks.

Auch Ihre **Programme** können Sie ins Dock ziehen – im Unterschied zu den Dateien und Ordnern ist hierfür die **linke Seite** des Docks reserviert. Einen Überblick über die Programme auf Ihrem Mac finden Sie im **Programme**-Ordner.

Dokumente kann ich über das Kontextmenü **umbenennen**.

Klicken Sie den Ordner oder die Datei an und drücken Sie die ↵-Taste, um das **Textfeld unterhalb des Datei-/Ordner-Symbols** hervorzuheben: So lässt sich diese umbenennen.

Kopien von Dateien, Ordnern und mehr kann ich schnell erzeugen, wenn ich das Objekt mit der Maus ziehe und dabei die **Alt**-Taste gedrückt halte.

Den gleichen Effekt erreichen Sie, indem Sie beim Ziehen mit der Maus zuvor die ⌥-Taste gedrückt halten: Sofort erscheint **ein grünes Pluszeichen** und es wird eine **Kopie** erstellt.
Mit dem grünen Plus wird auch der Unterschied zwischen Kopieren und dem normalen Verschieben von Daten durch die Maus verdeutlicht.

Natürlich können Sie auch mit der Tastenkombination ⌘ – **D** Daten, Ordner etc. duplizieren.

 Überflüssige Dateien (oder zu viel erstellte Kopien ;-)) ziehe ich in den **Recycling-Korb** auf dem Bildschirm.

Ziehen Sie diese in den **Papierkorb im Dock**. Es gibt noch eine Abkürzung: Klicken Sie die zu löschende Datei an und drücken Sie dann ⌘ – ←

  Um den Papierkorb selbst auszuleeren, klicken Sie im Menü **Finder** auf **Papierkorb leeren** oder per Tastenkombination ⌘ – ⇧ – ⌫ Sie sollten dabei vor der Entleerung immer einmal »in die Tonne schauen«, was Sie denn gerade löschen wollen.

Über **Eigenschaften im Kontextmenü** kann ich weitere Optionen zu Programmen, Ordnern und Dateien festlegen.	Die Eigenschaften unter Windows entsprechen auf dem Mac den **Einstellungen** der jeweiligen Programme; diese können Sie – sobald das jeweilige Programm gestartet ist – mit dieser Tastenkombination aufrufen: ⌘ - **,** (»Befehls-Taste – Komma«)
Über die Taste **Druck** kann ich **Screenshots** erstellen.	**Bildschirm-Fotos** (Ausschnitte, Fenster) erledigen Sie mit diesen Tastenkombinationen: ⌘ – ⇧ – **3** ⌘ – ⇧ – **4** ⌘ – ⇧ – **4** – Leertaste
Über die **Systemsteuerung** stelle ich den PC nach meinen Wünschen ein.	Über das -Menü links oben kommen Sie auf die gleichnamigen **Systemeinstellungen**. Auch über das Dock reicht ein Klick auf dieses Symbol. Da Sie so den Rechner beeinflussen, lassen Sie Vorsicht walten!
Da es hier nichts vergleichbar Intuitives gibt, lesen Sie doch bitte gleich rechts: :-) **[Wir halten diese Funktion für so wichtig, dass wir diese auch jenen Lesern hiermit gleich vorstellen wollen, die – wie auch wir gerne – bei einem Buch probeweise von hinten hineinblättern. :-)]**	**Sicherheitskopien** erstelle ich mit **TimeMachine**, welches z. B. automatisch »anbietet«, sobald ich eine externe Festplatte anschließe. (Schon deshalb lohnt sich der Kauf derselbigen.) Das Abspeichern von Zwischenversionen erledigt Apple für Sie – wobei Sie die volle Kontrolle behalten, was abgespeichert wird und was nicht (siehe weiter vorn in der Fibel).

Über den **Windows Messenger chatte** ich mit Freunden und (so genannten) »Buddies«.

 Auf dem Apple-Rechner ist hierfür die kostenfreie Software **iChat** installiert: Diese ermöglicht Ihnen, sich mit jedem, der ein AOL- oder **Mobile Me**-Konto hat, virtuell zu unterhalten. Ein **Mobile Me**-Konto ist hierfür zwar nicht erforderlich, zumal es nach einer Testphase dann kostenpflichtig ist. Ausprobieren kostet aber auch nichts ...

Meine Dateien lege ich im Ordner **Eigene Dateien**, **Eigene Bilder** oder **Eigene Musik** ab.

Für Ihre **persönlichen Daten** sind auch auf dem Mac eigene Ordner angelegt worden. Diese finden Sie, indem Sie auf dem Schreibtisch rechts oben auf das Festplatten-Symbol doppelklicken, dann **Benutzer** und folgend noch Ihren Benutzernamen auswählen (der mit einem kleinen Haussymbol als Ihre »digitale Heimat« verziert ist); nun sehen Sie Ordner mit den Namen **Dokumente, Bilder, Musik, Filme, Websites** und mehr.

Alternativ können Sie auch ein **Finder-Fenster** öffnen – dort sind ebenso die persönlichen Ordner aufgeführt: das geht dann noch schneller ...

Mit den Windows-Programmen verwalte und bearbeite ich meine Bilder, Filme und Musik.

Apple bietet mit dem **iLife**-Softwarepaket alles, was das Herz begehrt:

 Mit **iPhoto** können Sie Ihre digitalen Bilder verwalten und bearbeiten.

 Mit **iMovie** schneiden und präsentieren Sie Ihre selbst gedrehten Filme.

 Mit **iDVD** können Sie Filme auf DVD brennen, sofern Sie über einen DVD-Brenner verfügen.

 Mit **iTunes** können Sie Musik von Ihrer CD-Sammlung importieren, natürlich auch über den iTunes Store online einkaufen und daraus wiederum CDs brennen.

 Mit **GarageBand** lässt sich eigene Musik komponieren und weiter bearbeiten.

 Mit **iWeb** stellen Sie eigene Websites, Blogs und Podcasts mit wenigen Klicks in Netz.

Meinen **Drucker** und das **Faxgerät** habe ich über die Netzwerk-Einstellungen angeschlossen.

 In den soeben erwähnten **Systemeinstellungen** findet sich auch der Punkt **Drucken & Faxen**.

Sofern nicht schon automatisch erkannt, können Sie dort Ihren Drucker hinzufügen.

Im **Gerätemanager** finde ich alle Informationen über meinen Windows-PC.

Der erste Punkt im -Menü lautet **Über diesen Mac** – bitte klicken Sie diesen an.

Im darauf folgenden Feld klicken Sie bitte auf **Mehr Informationen**; nun steht Ihnen der **System Profiler** mit allen technischen Daten rund um Ihren Apple-Computer zur Verfügung.

Wenn mal gar nichts auf dem Windows-Rechner geht, drücke ich die Tastenkombination

Strg – ⇧ – Esc

Danach lassen sich jene Programme, in denen es stockt, unmittelbar beenden.

Selten gebraucht, aber dennoch hilfreich ist die Tastenkombination

⌘ – ⌥ – **Esc**

Der **Programm-Abbruch** lässt sich auch über das Dock mit der Kombination **ctrl**-Taste und Klick sowie gedrückte ⌥-Taste auf das jeweilige Programm-Symbol im Dock erzwingen:

Die erweiterte Macintosh-Tastatur

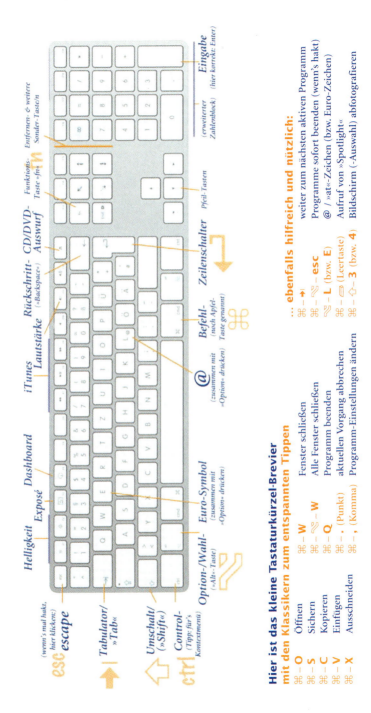

esc (wenn's mal hakt, hier klicken:) escape
Tabulator/ »Tab«
Umschalt/ »Shift«
ctrl Control- (Tipp: für's Kontextmenü)
Option-/Wahl- (»Alt«-Taste)
Helligkeit
Exposé
Dashboard
Euro-Symbol (zusammen mit »Option« drücken)
iTunes
Lautstärke
Rückschritt- (»Backspace«)
CD/DVD-Auswurf
Funktions-Taste-fn
Entfernen- & weitere Sonder-Tasten
@ (zusammen mit »Option« drücken)
Befehl- (auch Apfel-Taste genannt)
Zeilenschalter
Pfeil-Tasten
Eingabe (hier korrekt: Enter) (erweiterter Zahlenblock)

Hier ist das kleine Tastaturkürzel-Brevier
mit den Klassikern zum entspannten Tippen

⌘–O   Öffnen
⌘–S   Sichern
⌘–C   Kopieren
⌘–V   Einfügen
⌘–X   Ausschneiden
⌘–W   Fenster schließen
⌘–⌥–W Alle Fenster schließen
⌘–Q   Programm beenden
⌘–. (Punkt) aktuellen Vorgang abbrechen
⌘–, (Komma) Programm-Einstellungen ändern

... ebenfalls hilfreich und nützlich:

⌘–→   weiter zum nächsten aktiven Programm
⌘–⌥–esc   Programme sofort beenden (wenn's hakt)
⌥–L (bzw. E)   @ / »at«-Zeichen (bzw. Euro-Zeichen)
⌘–⎵ (Leertaste)   Aufruf von »Spotlight«
⌘–⇧–3 (bzw. 4)   Bildschirm (-Auswahl) abfotografieren

Stichwort-Verzeichnis

@-Zeichen 28, 117, 131

A
Access 73
Account 28
Administrator-Konto 37-38
Adobe 70, 89, 128
Adressbuch ..104, 107, 115, 117, 120
Adressbuch von Windows 117
Adressen 104
AirPort 26, 29-30
Aktualisierungen 41
Alle Daten und Ordner anzeigen ...108
Anti-Viren-Software 6, 25, 70, 84
AOL 136
Arbeitsbereiche 44
Arbeitsplatz 132
Audio- und Video-Daten 88, 126
Ausschalten 129
Auswurf-Taste 40, 132
AVI 88

B
Backup 42
Bankgeschäfte 86
Beenden 37, 120
Befehl 115, 120, 131
Benutzer 20
Benutzerkonto 37
Bilder 32, 137
Bildschirm-Fotos 135
Blogs 124, 137
Boot Camp 52, 88
Browser 28, 70
Bürosoftware 100

C
CD 12, 19, 132
Charts 101
Chess 120
Codierung 115
Coherence 72
Computername 93
Crossover 85
ctrl-Taste 130

D
Dashboard 121, 139
Daten, persönliche 136
Dateisystem 57
Datenbank 100
Desktop-Hintergrund 129
DHCP 26
Diagramme 101
Dialogfeld 34
Dictionary 121
Dienstprogramme 30, 49
Digitalkamera 21, 31, 124
DirectX 77
dmg-Datei 64
doc 99
Dock 10, 16-17, 72
Drucker 20-21, 23, 25, 137
duplizieren 134
DVD 12, 19, 40, 122, 132
DVD Player 40, 122

E
EasyBox 30
Eigenschaften 91, 120, 135
Einfügen 36, 131
Einzelnutzer 37
Einzelpartition 51, 55
Elster 86
Emulation 63
Entourage 102
Escape-Taste 120
Ethernet 23, 26, 90, 108
Eudora Mailbox Cleaner 111
Euro-Zeichen 131
Excel 99, 125
Explorer 11
Exposé 122, 139

F
Fächer 18
FAT 54, 57
Faxen 25, 137
Festplatte 10, 135
Festplatten-Dienstprogramm 49
File Allocation Table 54, 57
File Sharing 94
FileMaker Pro 87, 100
Filme 137
Finder 11, 132
Firefox 70, 126
FireWire 22-23, 26
Firmware-Update 47
Flash 88-89
Flip4Mac 88
Formatierung 52
Freigabe 74, 92, 97
Frontrow 123
Full Screen Mode 72
Fusion 78, 99

G
GarageBand 123, 137
Gast-Account 39
Gerätemanager 138
GIF 88
Gitter 18
Google-Suche 126
GraphicConverter 128

H
Hardware 19-20
HBCI 86
HSDPA 30-31
Hub 23

I

- iCal 102, 123
- iChat 123, 136
- iDVD 123, 137
- iLife 123-124, 137
- IMAP 103
- iMovie .124, 137
- InDesign 87
- Installation .65
- Internet 19, 25, 28
- Internet Explorer 28, 97, 126
- Internet Service Provider 25, 28
- Internetprotokoll 91
- IP-Adresse 90, 95
- iPhoto 88, 124, 137
- iPod 40
- iTunes 6, 30, 124, 137, 139
- iWeb 124, 137
- iWork .101, 125

J

- JPEG 88

K

- Kalender 118
- Kamera .31-32
- Kaspersky 69
- Kennwort 28, 38
- Keynote 101, 125
- Kindersicherung 39
- Klammeraffe / @ 28, 117, 131
- Kontakte 102, 107
- Kontaktinformationen 117
- Kontenverwaltung 86
- Kontextmenü 15, 130, 134-135
- Kopieren 36, 131, 134

L

- LAN-Verbindung 91
- Laufwerksbuchstabe 52
- Lautsprecher 21
- Library 109
- Link 34
- Linux 78
- Listenansicht 13

M

- Mac OS X Extended (Journaled) 52
- Mobile Me (zuvor .Mac) 136
- MacBook 35
- Macintosh HD 10
- Mail 102, 111, 117, 120, 125
- Maus 23
- Maus-Scrollrad 15
- Memory 74
- Menüzeile 14
- Messenger, Windows 136
- Microsoft Office 99
- Microsoft Vista 78, 85
- Mindmaps .101
- Minesweeper 120
- Modem 26
- Move2Mac 97
- Mozilla 103
- MP3 / MPEG4 88

N

- NeoOffice 100
- Netmeeting 123
- Netzwerk 20, 24-25, 90
- Netzwerk-Assistent 28
- Netzwerkbenutzer 92
- Neustart 129
- Newsletter 103, 113
- NTFS 54, 57
- Numbers 125

O

- Öffnen 131
- OmniGraffle 101
- Online-Spiele 77
- Online-Banking 86
- Open Office 100
- Open Source 22, 93, 100, 103, 119
- Ordner, gemeinsame 74
- OS/2 78
- Outlook . .99, 102-103, 117, 123, 125
- Outlook Express 103, 114
- Outlook2Mac 118

P

- Pages 125
- Papierkorb 40, 134
- Parallels 63, 88, 99
- Partition 49, 51, 55
- PDF 88
- Photo Booth 125
- Photoshop (Elements) 87
- Player, QuickTime 88
- Plus-Zeichen 34, 134
- Podcasts 124, 137
- POP3 102
- Popup 24, 126
- PowerPC 63
- PowerPoint / ppt 99, 101, 125
- PPPoE 27-28
- Präsentation 99, 101
- Profile 111
- Programme 119-120
- Programme beenden 40, 131, 138
- Programmeinstellungen 120
- Provider .25, 28

Q

- QuickLook 13
- QuickTime 71, 88, 126

R

- RAW 88
- Real Player .89
- Rechenaufgaben 14
- Rechtsklick .130
- Rechtsklick bei Windows 15
- Recycling-Korb 134

rückgängig machen 36, 131
Ruhezustand 129

S
Safari 28, 126
Samba 93, 95
Sanduhr 34
Schema 49
Schloss-Symbol 38
Schreibtisch 10, 19
Schreibtischhintergrund ändern ...129
Schriftsammlung 126
Screenshots 135
Scrollen 15
Server-Message-Block-Protokoll 93
Service Pack 67
Sharing 94
Sicherheitskopie 41, 135
Smart Select 71
SMB 93
Snapshot 76, 84
Software 89
Software-Aktualisierung 7, 41, 46
Software-Treiber 21
Sonderzeichen 131
Spaces 44
Speicher 35
Speicherbedarf 74
Speichern 36, 131
Speicherriegel 35
Spiele 77
Spotlight 14, 43, 127, 133
Start-Menü 19, 72, 83
Startknopf 10
Startvolume 49, 61
Steuern 86
Suchfunktion 133
Suchprogramm 14
Suffix 75
SuperDrive-Laufwerk 40
Switch 23
Symbolansicht 12
System Profiler 138
Systemeinstellungen ..19, 38, 135, 137
Systemsteuerung 19, 60, 93, 135

T
Tabellenkalkulation 99
Taschenrechner 121
Taskleiste 16, 73
Tastatur 23, 139
Tastatur und Maus 16
Tastaturbefehle 131
Tastenkürzel 15, 36
TCP/IP 91
Teilnetzmaske 95
Termine 102, 123
Textdokumente 99
TextEdit 100
Thesaurus 121
Thunderbird 104
TIFF 88
Time Machine 42, 127
Trackpad 34-35
Transporter 77
Treiber 22, 41
Trennstrich 18
Trojaner 6

U
Übersetzung 121
Übersicht 13
Umbenennen 134
UMTS 30-31
Unity-Modus 83
USB 21-23
USB-Stick 19, 132

V
vCard 104, 114, 117
Verknüpfung 18, 34, 133
Verwendung, gemeinsame 117
Videokonferenzen 123
Virenschutz 6, 25, 70, 84
Virtual Machine 74
Virtual PC 63
Virtualisierung 78
Visio 73, 101
Visitenkarten 116
Vista 55, 118
Vista Upgrade 78
VLC-Player 89
VMware 78
Vollbild 72, 82
Volume 52
Volume-Schema 49
Vorschau 70, 88, 127

W
WAV 88
Website 124, 137
Wechsel-Speichermedien 40, 132
Widget 121
Wiederherstellen 44
Wikipedia 121
Windows Explorer 132
Windows Express 66
Windows-Media Player 89
WLAN 29
Word 99
Wörterbuch 121
Würmer 6

X
xls 99

Z
Zugang zu Ihrem Computer 38
Zusatz-Software 89
Zweitastenmaus 15, 130

Besuchen Sie doch auch einmal unsere Website
www.mandl-schwarz.de

Der Klassiker von Daniel Mandl
Das Grundlagenbuch zu Mac OS X Leopard
560 Seiten | EUR 29,90 (D)
ISBN 978-3-939685-03-6

- Ihr Einstieg in die Apple-Welt – kompetent & unterhaltsam
- Programme-Potentiale, etliche hilfreiche Praxis-Tipps & Tricks
- Die FAZ zum Buch: »flott geschrieben, reichhaltig bebildert, hoch willkommen!«

iPhoto 08 – iLife von Apple **für engagierte Digitalfotografen**

240 S. | EUR 24,80 (D)
2. Aufl. | vollständig vierfarbig
ISBN 978-3-939685-06-7

- Die wachsende Bilderflut gekonnt verwalten
- Fotos organisieren, optimieren und präsentieren
- empfohlen u. a. von der MACLIFE: 6 von 6 Punkten

Weitere Information (und unseren Newsletter) erhalten Sie über www.mandl-schwarz.de

Guten Tag!

Als Verlag rund um den Digital Lifestyle möchten wir Sie gern ein wenig näher kennen lernen. Daher bitten wir Sie als (werdender?) Mac-Nutzer, uns ein bisschen von sich zu erzählen. Was können wir besser machen? Was hilft Ihnen? (bitte ausschneiden oder kopieren und ab die Post!)

Unter allen Teilnehmern dieser kleinen Umfrage verlosen wir monatlich iTunes-Karten im Wert von EUR 15,- :-) Der Rechtsweg ist leider ausgeschlossen. Die Daten werden in aller Sorgfalt nach dem Bundes-DatenschutzGesetz (BDSG) behandelt.

Zu diesem Buch

DAS HAT MIR GEFALLEN

DAS HAT MICH GESTÖRT

Zu welchen weiteren Themen wünschen Sie sich ein Buch?

z.B. PROGRAMME, NETZWERKE WIN/MAC, DATENBANKEN ... Was auch immer – schreiben Sie es einfach hier hin!

Kennen Sie schon andere Bücher von uns?

☐ noch nicht ☐ aber sicher:

MANDL & SCHWARZ Bitte ADRESSE NICHT VERGESSEN – und GEWINNEN!

Mit welchen Computern meistern Sie Ihren digitalen Lifestyle?

BITTE ANKREUZEN / GGF. ERGÄNZEN

☐ MacBook   ☐ MacBook Pro   ☐ MacPro
☐ iPod shuffle/classic/touch   ☐ iMac (___ Zoll)   ☐ iPhone (☐ 3G)   ☐ (noch) PC

Welche Aufgaben möchten Sie als Nächstes am Mac in Angriff nehmen?

BITTE ANKREUZEN / GGF. ERGÄNZEN

☐ Meine CD-Sammlung digitalisieren und so Regalplatz gewinnen
☐ Die Filme von Urlaub, Familie, (leidiger) Verwandschaft erstellen
☐ Etwas Ordnung ins Bilder-Chaos (Papier, Dia, digital) bringen
☐ Meinen Apple-Rechner noch mehr ausreizen (ist ja `n Mac)
☐ Ganz schrittweise (dafür aber sicher) von Windows umsteigen

Altersgruppe

Bitte WAHRHEITSGETREU, sofern Sie nicht gerade facebooket werden ...

☐ <19   ☐ 20-29   ☐ 30-39   ☐ 40-49   ☐ 50-59   ☐ »Best Ager«

Berufszugehörigkeit

BITTE ANKREUZEN / GGF. ERGÄNZEN

☐ Hausmann/frau   ☐ Angestellt   ☐ in leitender Position)
☐ Selbstständig   ☐ Freiberufler   ☐ Un-Ruhestand   ☐ Jobsuchend

Welche Infoquellen zum »Mac« nutzen Sie?

BITTE ANKREUZEN / GGF. ERGÄNZEN

☐ Macwelt   ☐ Maclife   ☐ Macup   ☐ macnews.de   ☐ macgadget.de
☐ mactechnews.de   ☐ macprime.ch   ☐ macweb.ch

Weitere:

Meine Adresse:

VORNAME NAME

STR. NR.

LAND PLZ STADT

TEL.

E-Mail:

BITTE ANKREUZEN
● **Ja,** halten Sie mich per E-Mail / Post über die aktuellen Buchprojekte von Mandl & Schwarz auf dem Laufenden.

Vielen Dank!